JN062115

10代から
知って
おきたい

あなたを丸めこむ

みんなでやることに
意味がある

ハイ悪!

貴戸理恵

「ずるい言葉」

WAVE出版

1 「だれも幸せにしない秩序」としての同調圧力

　だれかに何かいわれたわけじゃない。でも、周りを見れば「みんなそうしている」ので、なんとなく「自分もしたほうがいいのかな」と感じ、そのようにする。気は進まないし、そんな自分を芯がなくて情けないとも思うけれど、ひとりだけ外れてしまう気づまりのほうがずっと大きいのだから仕方がない。

　はっきり主張できる人は「自分を持ってる」ようでうらやましい、と思うときもある。だけど、わたしには無理。波風を立てず無難であることが大事。だってそうしていないと、浮いてしまうかもしれない。「空気の読めない人だ」と思われて、排除されてしまうかもしれない。そうしたら、どんなふうにこの場で時間を過ごせばいいかわからなくなって、身の置き所がなくなる。つまり「居場所」がなくなる。それはとても、こわいことだ。だからそうならないように表情をとりつくろう。周囲の意向をおしはかる。わきあがる違和感はおしころす。場の雰囲気に流される。波にのまれる。

　そうしているうちに、きっと、慣れてこの居心地悪さもなくなる。「場になじむ」ってそういうことでしょう？

　学校で、職場で、初対面の人が集まるさまざまな場で。そんなふうに感じながら行動している人は、めずらしくないのではないでしょうか。

本来「みんなしている」と「自分もする」とは別のことのはずです。けれどもそれを「みんなしているから自分もする」と結びつけるもの、そして「気が進まない」にもかかわらず「そうしなければ」と思わせてくるもの、それを「同調圧力」と呼ぶことができます。「同調圧力」とは、周囲の人びとが「こうだろう」と期待する通りにみずから考え、行動するよう迫ってくる圧力のことです。

　といっても、自身の外側にある規範に沿って行動するのは、社会的な動物である人間にとって必然といえます。人間が共同で社会を営むうえでは、「これをするのが望ましい」「これはしてはいけない」という規範・規則が一定の範囲で共有され、秩序がもたらされる必要があるからです。同調圧力も、そうした規範・規則のひとつの表れではあります。

　ところで、規範・規則に従うとき、人びとは何らかの正しさに動機づけられてそうしています。「学校ではピアスは外そう」と考えるのは校則というルールで決められているからだし、「食事のときはテーブルにひじをつかないようにしよう」とするのはそれが特定の生活様式においてマナーだとされているからです。多少めんどうでもそれに従うのは、風紀担当の先生に叱られるのがめんどうだったり、「食べ方のきれいな人だな」と思われたらうれしかったりするためでしょう。

　では同調圧力のもとでは、人はいったい何に動機づけられて従っているのでしょうか？

　同調圧力の不思議さは、だれが期待や命令を発しているのか、どこに納得の根拠があるのかわからないのに、人びとが勝手に

排除の恐怖を感じ取ってみずから従ってしまう、というところにあるように思います。

　特定のボスがいて「こうしろ」と命令するとか、明文化されたルールとして「こういうときはこうする」と決まっているとか、「わたしたちはずっとこうやってきた」という定まった流儀があるなら、ある意味でわかりやすいのです。それは権力者や法や伝統の支配に対する服従、ということになりますから。そこでは、ボスがあまりにも横暴なら反乱が起きるかもしれないし、話し合いでルールを変更するという選択肢もあります。

　ところが、同調圧力において「こうしろ」と迫ってくるのは、権力者でもなければ法律でもありません。「村の掟」的な共同体の伝統に近いといえそうですが、それほど固定されておらず、たとえばその場のだれかが強くうなずいたとか、首をかしげたとか、少しのあいだ沈黙があったとかいうちょっとしたことによって、あっというまに移ろってしまうような何かです。そこではルールは明文化されておらず、また範囲のあいまいな「みんな」が相手なので、規則の変更や抗い方の手順が見えません。それでいて、「従わなければ排除されるのではないか」という漠然とした恐れは強く共有されています。

　そういう同調圧力のもとでは、人は「何のために・何に」従うかが見えないままに、とにかく従うことになりがちです。そして、「この場では何がNGなのか？」と慎重に暗黙のルールを探る、いわゆる「空気を読む」態度が優先されやすくなります。極端なことをいえば、ふたをあけたら「同調に意味がある」と本当に納得している人はひとりもいないにもかかわらず、表面

上はだれも文句をいわず従っている、ということだってありうるのです。

　そのような場合、外からは秩序が保たれているように見えたとしても、そのなかに生きる人はしんどいばかりで、だれも幸せにならないでしょう。

2　同調圧力の問題点

　とはいえ「多少息苦しくても、同調していれば波風は立たないのだからいいじゃないか」と思う人もいるでしょう。けれども、同調圧力が高まった集団にはいくつかの問題があります。

　第一に、みんなで意見を出し合って合意していくプロセスがゆがむことです。似た人ばかりが集まる集団では、「人とちがうことをいったら（したら）、周囲にヘンだと思われるのではないか」という不安が生じるので、独自の意見がいい出しにくくなります。多様な主張があったうえで、話し合って結論を導くのであれば、たとえ最終的に自分の意見が通らなかったとしても、人は結論に対して納得し、責任を持つことができます。でも、異なる意見をすり合わせる以前に、異なる意見をいうこと自体が抑圧された場合には、不自由さを感じて納得できず、結論がゆがんでいてもだれも責任を持たなくなってしまいます。「わたしはずっとおかしいと思ってたけどいえなくて、みんなに従っただけ」というわけです。また、周囲に受け入れられやすく当たりさわりのない意見しか出てこなくなり、はっとするようなオリジナリティは失われてしまいます。

　第二に、異質な存在が排除されることです。通常と異なる生

活様式を持つ人、多くが従っている暗黙のルールを無視して自由にふるまう人、みんなががまんしていることをがまんせず権利を主張する人などは、排除の対象となります。いじめのように「わたしたち」の同質性を確認するために異質な存在があえてつくりだされ、暴力の標的にされることもあります。

　第三に、排除の不安から「集団」に同調することでいっそう同調圧力を高め、ますます排除の不安を強化してしまう、という悪循環があることです。同調圧力は自由な言動を制約するため、息苦しいです。でも、息苦しさから自由な言動を控えている「わたし」自身が、結果として同調圧力をより強固にしてしまっている側面があるのです。ひとたびこの悪循環のループにはまってしまうと、自縄自縛とわかっていても、逃れることはなかなか難しくなっていきます。

3 「社会を変える」ためのマジョリティ側の動機づけ

　本書では、日常的な場面を事例に挙げ、同調圧力を批判的にとらえながら、どのように考え、対処すればいいかという道すじを示していきます。といっても、本書に書かれたことがたったひとつの「正解」である、などといいたいわけではありません。同調圧力はきわめて流動的ですし、その場の状況や関与している人たちの立場や力関係によっても「どうすればいいか」は変わってきます。

　それでも、ひとつのガイドとして考え方や対処の仕方を示すことには意味があると考えます。それは、「そんなのよくあることだ」「仕方がない」と流してきた日常の場面について、「本

当にそうかな?」と立ち止まるきっかけをくれるからです。そのように、足元の日常を「他のかたちでもありうる」ととらえ直すことは、大げさに聞こえるかもしれませんが「社会を変える」ための一歩になりえます。

　わたしは、同調圧力は「マジョリティ（社会的な多数派）だけどもれ落ちている人」の問題だと思っています。すでに述べたように、同調圧力は明文化されたルールでも、体系的な生活様式でもありません。それは「教わる」とか「身につける」ものではなく、ひたすら「感じる」ものであり、だれに教わったわけでもなくそれを感じられているということが、その社会にある程度は受け入れられたマジョリティであることを示しているといえます。たとえば、異文化育ちの人や認知症の人などは、「空気を読め」という同調圧力を感じること自体が難しくなるでしょう。

　他方で、同調圧力に対して意識的になるのは、それにうまく乗れないとか、どうしようもない違和を感じてぎくしゃくしてしまう、という人です。その意味で、マジョリティだけれども何らかのかたちで「社会からもれ落ちた」と感じている人が、「同調圧力がしんどいな」という感覚を持つといえます。

　だから、「同調圧力を批判的にとらえる」というとき、「マジョリティとしてそのような同調圧力を生み出してしまっている」という側面と、「それを息苦しく感じ、変えたいと思っている」という側面を、両方考えていく必要があります。「同調圧力はくだらない。だから変えるべきだ」と自分とは関係ないもののように外部に立って主張することはできず、「そうはいっても、そ

の同調圧力を生み出しているのはわたし自身ではないか」という反省的なまなざしを持つことが要求されます。

　これは、難しさであると同時に希望でもあると、わたしは思っています。なぜなら、そこには「マジョリティが社会を変える」ことの動機づけが生まれうるからです。

　現代社会では、マイノリティの権利を認め、ジェンダー、セクシュアリティ、人種、宗教、階層などにおいて多様性をもつ人びとが、自由に、安心して、共生できる社会環境を整備していくことが喫緊の課題です。けれども、これまで社会を変えるために動いてきたのは、多くの場合、既存の社会で不利益をこうむるマイノリティの人びとでした。マイノリティの権利が奪われていることは、マイノリティの問題ではなく、そうした社会を放置してきたマジョリティの問題といえます。にもかかわらず、現状の社会構造から利益を得ている側は、それを変える動機づけを持ちにくく、「わたしには関係ないし、めんどくさい」とばかりに沈黙してきた現実があります。結果として、不当な社会を変えるという大きな負担が、ただでさえ多くのしんどさがしわ寄せされた現実を生きるマイノリティの側に負わされることが、続いてきたのです。

　同調圧力の強い社会は、多様性を認めずマイノリティを排除する不寛容さと表裏一体です。同調圧力に注目することは、マジョリティの側がそのような社会の変革を「自分ごと」としてとらえるひとつのきっかけになりえます。同調圧力にさらされる自分自身の生きづらさに、きちんと目を凝らすことを通じて、この社会から排除された人びとの苦境を想像し、マジョリティ

の側から変化に向けた一歩を踏み出すことを、展望してみることができます。

　社会はつねに、自分の外側にあるのではなく、自分を含んで広がっています。空気を読み、おそるおそるふるまうとき、わたしたちはみずから「空気を読まなければいけない」社会を生み出しています。逆にいえば、あえて空気を読まずにふるまうことで、「空気を読まない人もその場にいられる」実例となり、同調圧力を引き下げることも、本当はできるはずなのです。

　本書には、24 のシーンが登場します。学校や職場など特定の集団や「伝統的」とされる価値への同調圧力に関する事例が多いですが、それだけでなく、近年増加している「イケてる／売れる存在になれ」という市場に対する同調圧力についても取り上げています。順番通りでなくてかまいませんので、ぜひ興味のあるところからページを開いてみてください。自分の足元にある生きづらさが、実は自分だけのものでなく、他者や社会とつながる一歩になると、感じられるきっかけになるかもしれません。

貴戸理恵

第4章

人格否定の言葉 **75**

第5章

集団の秩序を利用する言葉 **95**

第6章

裏切りと思わせる言葉 **115**

第7章

第8章

装画・漫画 ケンコ
ブックデザイン 大場君人
校正 株式会社ぷれす

第 1 章

親密さを
利用する
言葉

1

「わたしたち友達でしょ」

16

▶「わたし」は本当は何がやりたい？

　中学校や高校に入学したばかりの４月、教室で無数にくり広げられそうなシーンです。部活は「自分が興味のあるもの、打ちこめるもの」を選ぶのがもちろん望ましいわけで、「自分はこれ」とはっきり決まっている人はそうするでしょう。けれども「どうしようかなぁ」と悩んでいる人にとっては、それ以外のいろんな要素が絡んできます。先輩や同級生が仲良くしてくれそうな雰囲気のいいところがいいな。人気者が集まっていそうな派手な部活に入ってみたいな。運動部のほうが内申点はよくなるのかな。好きなあの人と同じ部活に入りたい……などなど。

　そんなふうにいろいろな要素を考慮して悩んでいる人にとっては、「この部活にしようよ、友達じゃん」といわれることは、もしかしたら、どこかほっとすることなのかもしれません。代わりに決めてくれれば悩まずに済むし、初めての人間関係に飛びこむのにひとりより２人のほうが心強いし……。

　ただ、注意しておきたいのは、そこでは**「わたし、本当は何がやりたいのかな」という一番重要な問いがないがしろにされてしまう**ことです。友達に誘われて始めても思いがけず夢中になれることだってあるでしょうが、いつもそうとはかぎりません。もし、入ったあとで「やっぱり合わないな」とか「練習が苦しい」と思ったら？　自分で決めた部活なら、「じゃあ別の部に入り直そう」とか「苦しいけど、やっぱり好きだからがんばろう」などと自分の意志や気持ちで切り替えていくことができます。でも、「友達がいるから」という理由で入った部活はどう

でしょうか。友達に遠慮して辞めにくい、苦しい練習をがんばるモチベーションがわかず「あの子のせいで」と思ってしまう、などの状況が生じるかもしれません。

▶ 切実で鬼気せまる「友達」という言葉

そう考えれば「周りにゆだねず自分で決める」のが正解、ということになるわけですが、こういう建前の話で終わらないのが、思春期における友達という存在のややこしいところです。「自分で決めなさい」と周囲がいうのは簡単だし、本人だってわかっています。けれども「友達でしょ」という言葉には、そんなもっともらしいメッセージが吹き飛んでしまうくらいの破壊力があるのです。どういうことでしょうか。

「友達でしょ」という言葉は、「友達は大事だ」という思いを共有する関係性のなかで口にされます。この場合の「友達が大事」は、単に一緒にいると楽しいとか、困ったときに助けてくれるとか、そういうことだけではありません。学校の友達は、もっと切実な面を持ちます。それは「友達がいない」と思われないためになくてはならない存在であり、休み時間や教室移動、校外学習などのときに一緒にいることで「ああ、わたしには居場所がある」と思えるような、学校生活に不可欠なものなのです。

だからでしょうか。この「わたしたち友達でしょ」という言葉は、いうほうも聞くほうも必死、という感じがあります。ねぇ、わたし、あなたのこと友達だと思っていいよね？　友達って相手を「ひとりでさびしい状態」にさせないために一緒にいる

人のことでしょう？　部活という初めて会う人がいっぱいいる不安な場所に行くんだから、もちろん一緒にいてくれるよね？ ——ニコニコしていても目は笑っていないんじゃないかと思わせる、何か有無をいわせない鬼気せまるものが、そこにはある。

▶「友達でしょ」のずるさ

「友達でしょ」が含むのは、「わたしとあなたは仲がいい、だからわたしのいうことを聞いて」というメッセージです。これは、たとえば「あなたはわたしの恋人でしょう？　だからわたしの望みを叶えて」「あなたはわたしの子どもでしょう？　だからわたしの期待を裏切らないで」などの主張と同型です。

　これらに見られるずるさは、1「わたしとあなたのあいだに親しい関係がある」、2「あなたはわたしを受け入れ、わたしに従う」という本来別であるはずのことを、いっしょくたにしてしまっているところです。友達だって恋人だって親だって、自分とは別の人間なのだから、いくら大切な関係だとしても、すべていうことを聞いたり従ったりできるわけはないし、する必要もありません。

　でも、1と2が混同されてしまうことが、しばしばあります。そうすると、受け入れないことが相手に対する裏切りのように思えて、従わざるをえないような状況に置かれてしまいます。「うん、友達。友達だから……断ったら悪いし、気まずくなったらイヤだし、いうこと聞いといたほうがいいよね？」というふうに。これは、「その関係がなくなったら居場所を失う」という

逃げ場のない関係であるほど、深刻になります。

　どうすればいいのか。基本的には、「あなたはあなた・わたしはわたし」とお互いの領分を侵さないように線引きします。あなたの問題をわたしが抱えこんだり、わたしの問題をあなたに押し付けたりしない、ということです。

　これを踏まえると、シーン①でAさんは、たとえばこんなふうに答えることもできます。

「もちろん大事な友達だよ。でも、部活は自分が本当にやりたいことをやったほうがいいと思うんだ。あなたはバレーボールにしたんだね。すごくいいと思う！　わたしはわたしで、もう少し考えて決めるね」って。

　応用もききます。「お母さんがわたしを愛してくれていることはわかるよ。でも、お母さんにとっていいことが、わたしにとってもいいとはかぎらない。わたしはわたしが決めた道を行くから、応援して！」という具合に。

　もちろん、こんなふうにいってもなかなか変わらないこともあるでしょう。でも、2人の関係は2人でつくるもの。自分の領域を侵されそうになったら、「わたしはわたし、あなたとはちがう人間です」といちいち表明していくことで、お互いがひたっとくっついた関係から距離を取ることができます。

[共依存]
きょう い ぞん

「共依存」という言葉を聞いたことがあるでしょうか。もとは、アルコール依存症を家族との関係のなかで考える過程で生まれた言葉です。アルコールに依存する夫は、健康が脅かされ、信用をなくし、仕事を続けられなくなっても飲酒をやめません。そのそばには「この人はわたしがいなければ生きていけない」と必死で後始末をする妻の姿があります。このように、「自分の人生の責任は相手がとる」と思っている人と、「相手の人生の責任はわたしがとる」と思っている人が、がっちり組み合わさって、問題含みの状態で安定してしまうことを共依存と呼びます。

共依存を「ニコイチ」というわかりやすい言葉で表現したのは、ダルク女性ハウス（薬物依存症からの回復を望む女性たちのための民間施設）を主催する上岡陽江さんです。「2人はひとつ」という関係は、容易にDV（ドメスティック・バイオレンス）など暴力的な関係に転じます。だから安全な距離感を保つのが大事で、これを上岡さんは「"ちょっと寂しい"がちょうどいい」と表現します（『その後の不自由』上岡陽江・大嶋栄子、2010、医学書院）。

ゆがんだ関係で安定してしまうことは、友達同士でも起こりえます。一見仲良しの2人でも、よく見るといつも一方が決めて、もう一方は従っているだけ、という関係はよくあります。そこまでいかなくても、たとえばずっと同じものが好きで仲良くしていた友達が、急に別なものを好きになったため距離ができたときなどに「どうして！　もっとわたしのそばにいて！」としばり付けたい気持ちになることだってあるでしょう。

そんなときに、「"ちょっと寂しい"がちょうどいい」という言葉を思い出してほしいのです。相手と自分は、別の人間。そのようにひとりで立っていられる者同士が関係をつくるとき、それはきっと本来の意味で「友達」の名に値するものになるでしょう。

21

「仲間だろ」

▶「共通の目的」はないけど仲間、の不思議

　こういう人たちを仲間とは呼びません。仲間とは、同じ目的を共有し、一緒に物事に取り組む人たちのこと。その関係は横並びで、対等です。頼みごとをすることはあってもお互いさまで、イヤなときはイヤといえるのが基本です。**一方的にいうことを聞かせる関係は、仲間ではなく支配**です。

　——といってしまえば話は終わりですが、建前通りにいかないのがこのシーンの難しさかもしれません。なぜなら、ここでは学校のクラスの仲間が焦点になっているからです。

　習い事やボランティア活動の仲間が「これをやりたい」と自発的に集まっているのに対し、学校のクラスメイトや会社の同期は、たまたま同じ学校や会社に入ってきた集まりです。当然、共通の目的があるわけではなく、気が合うともかぎりません。にもかかわらず、「仲良くあること」を期待されるのです。

　共通の目的がないなら、いったい何をもって仲間だとされるのでしょうか。そこでは「仲間だよな?」「うん、仲間だよ」と互いに確認しあうことで「仲間であるわたしたち」がつくられるほかありません。そうすると、目的のために仲間を持つのではなく、仲間であること自体が目的になっていきます。いわば、一般的な仲間が一列横並びになって「趣味を楽しむ」「スポーツがうまくなる」といった同じ目標に向かって球を投げているとしたら、学校のクラス仲間は、輪になって座り、真ん中に立ちのぼる透明な「仲間同士のつくる空気」にみんなで目を凝らしながら、互いにボールを回しあっている状態、でしょうか。

シーン②でもし、Bさんが「イヤだよ。本当の仲間ってそんな存在じゃないだろ」といい返したらどうでしょう。「真面目ぶってんじゃねーよ」「ノリのわかんないやつだな」と、集団の輪から外されてしまうかもしれません。だからといって、「えーっ、仕方ないなぁ」と受け入れたら、今後も荷物持ちや使い走りにされることがくり返されるかもしれない。八方ふさがりです。そこで浮上してくるのは、いじめの可能性です。

▶「仲間のノリ」に従えるか？

　社会学者の内藤朝雄さんは、「普遍秩序」と「群生秩序」という言葉でいじめを説明しました（『いじめの構造　なぜ人が怪物になるのか』2009、講談社現代新書）。普遍秩序とは、「自分がされて嫌なことを人にするのはやめましょう」とか「人に暴力をふるってはいけません」など、どんな場面でも正しいとされる一般的な秩序のことです。対して群生秩序とは、たとえば「ノリは壊してはいけない」「みんなが楽しんでいるのに真面目なことをいって水を差してはいけない」など、一般的には「そんなことはない」と考えられていても、子ども集団のなかでは「それこそが真実」と思えてくるような、ローカルだけれど圧倒的な秩序のことです。

　ストレスが多く逃げ場のない環境では、こうした群生秩序がいつのまにか生まれ、むくむくとふくらんできます。内藤さんによれば、いじめが起こる現場では、群生秩序が普遍秩序をしのいで前面にせり出しています。「仲間だろ」といういい方は、

「あなたとわたしは仲間なのだから、わたしが困っていたらあなたは助けてほしい」という文字通りの意味を超えて、「仲間ならこのノリがわかるはずだろう？　おとなしくいうことを聞け。わからないなら、おまえはもう仲間ではない」というメッセージを含んでいます。いいかえれば、「親や教師の普遍秩序ではなく、わたしたちの群生秩序に従えるか？」と迫ってくるのです。

▶「仲間だろ」のずるさ

　だけどもちろん、こういういい方はずるいものです。**そのずるさは、「仲間でしょ」と迫られた側はイエスといってもノーといっても結局ははじき出されてしまうのに、「ノリ」を重視するその他の人たちはいずれの場合も無傷で済む、という関係の非対称性（対等でないこと）**にあります。もっといえば、そこには、だれかをあえてはじき出すことによって「わたしたちは仲間だ」というあいまいな感覚を強化する、という作用が関わっているでしょう。先に書いたように、学校のクラスメイトは「仲間である理由」がもともとなく、それをつくりあげる必要性を持つ集団ですから、ひとりをはじき出すことで「仲間である」と確認するようなことが、特に生じやすいともいえます。

抜け出すための考え方

　では、いったいどうしたらいいのでしょうか？

こういうときは、普遍秩序の原則に立ち戻り、群生秩序を却下することが基本的な解決策です。つまり、「イヤだよ、自分の荷物は自分で持てよ。そんなの仲間っていわないだろ」ときっぱり拒否するのです。そんなことしたら遊んでもらえなくなるって？　それで外されるようなら、そんな関係を無理して継続することはありません。こっちから願い下げ、でいいのです。

　そして、探してみてください。ほかにもそれなりに付き合える人はいるのではありませんか。習い事の友達、同じ学校だけど学年のちがう子、きょうだいの友達、など。教室の外にあるつながりを探し、学校関係の比重を軽くしていきます。そうやって、**「不当なことを不当だといったら輪から外されたけど、特に大きなダメージはない」**という状態に持っていくのです。

　とはいえ、身近な学校の友達グループから排除されることを考えると、居場所がなくなるような不安を感じてしまうかもしれませんね。だけど、「ランドセルくらい持ってあげればいいんだ。みんなだって仲間といってくれているんだし」と、自分の「イヤだな」と思う気持ちにふたをすること、それを長期間継続することは、やめておきたいものです。その場はしのげたとしても、自尊心が傷つけられるからです。長い目で見れば、「クラスのなかで一時期一緒に過ごす人がいなくなること」よりもこちらのほうが、ずっと大きな問題といえます。

　学校の外にも関係はあり、卒業したあとにも人生は続きます。今は「唯一の居場所」と思える関係も、あとから振り返れば特になくてもかまわなかった、ということはけっこうあります。**目の前の関係がすべてではない。世界は広い**のです。

【ウィーク・タイズ（弱い紐帯）】

　アメリカの社会学者グラノヴェッターが提唱した言葉です。紐帯とは「つながり」のこと。家族や学校の友達など、日常的に顔を合わせるつながりが「ストロング・タイズ（強い紐帯）」であるのに対し、「ウィーク・タイズ」は、仕事や学校が別で、まれにしか会わない関係です。

　グラノヴェッターは、転職など自分のキャリアを新たな方面に開いていくのに役立つのは、この「ウィーク・タイズ」がもたらす情報のほうだ、といいました。身近な関係は、同じ世界を共有しているので、「だよねー」「そうそう」と通じる安心感はあるけれども、新しい情報はあまり出てきません。そこへいくと、普段は別々の場所で自分の人生を歩んでいる人同士がたまに会って話すとき、そこには思ってもみなかった方向に自分の人生を導いていくような、刺激的な情報が生み出されるのです。

　皆さんなら、遠くに住んでいてお盆とお正月のときだけ会ういとこととか、別の地域に転校してしまってときどき連絡をとる友人、などが「ウィーク・タイズ」になりうるのではないでしょうか。たとえば進路について考えるときにも、親や学校の友達と話していると「大学どうしよう。文系か理系か、国公立か私立か……」という話になるけれども、まったくちがう人生を歩んでいる人と話すと、「留学する」「職人修業をする」「専門学校に行く」「とりあえずアルバイトでお金を貯めて放浪の旅に出る」とか、いろんな「進路」が見えてくる、ということがあります。視点が変わることで、自分が乗っていた土俵の狭さに気づけるのです。

　毎日顔を合わせるような関係は、視野を広げるうえでは案外、あてにならないものかもしれません。

「みんなでやることに意味がある」

▶ 学校における「なぞの論理」

　学校生活でしばしば登場するなぞの論理に「みんなでやること に意味がある」があります。「みんなでがんばる」とか「みんな で楽しむ」とか、やたらと全員参加にするのが好きですよね、 学校って。

　これが、掃除当番などの「やりたくないけどやらなければな らないこと」を、特定の人に押し付けるのではなくみんなでや る、という話ならわかります。それは、「必要な負担を公平に引 き受ける」という社会的正義の問題ですから。

　でも実際には、「みんなでやることに意味がある」とされるの は、多くの場合、体育の大なわとびを全員参加のクラス対抗で がんばるとか、「総合」の時間にクラスみんなでゲーム係が考え たゲームをやるとか、はっきりいってやりたくない人が無理に やる必要のない問題がほとんどです。

　シーン③の体育祭の打ち上げだってそうでしょう。**行きたい 人は行けばいいし、行きたくない人は行かなければいい。**「帰 る」といった人はもしかしたら、「あんまり仲良くない人とご 飯を食べても楽しくないし、お金ももったいないから、イヤだ なぁ」と思っているのかもしれません。それはその人の事情で あり気持ちですから、本来なら「あ、そうなんだ」という話で あって、他の人にとやかくいわれる問題ではありません。

　にもかかわらず、シーン③では「みんなでやることに意味が ある」という言葉で個人の事情や気持ちが押し流されようとし ています。このように、行きたくない人を無理に参加させる理

29

屈とは、いったい何なのでしょうか?

▶「わたしたちは一体」という感覚

　それは、「わたしたちは一体」という感覚を守りたい、という思いです。「みんなでやることに意味がある」と主張する人たちにとって、本当に問題なのは「打ち上げが盛り上がること」ではなく、「打ち上げはみんなで参加するのが当然だと、『わたし』も『みんな』も思っている」という一体性の感覚です。「わたしは行かない」という人がいると、具体的な迷惑がかかるわけではなくても、この一体性の感覚が傷ついてしまいます。だから、「やりたい人だけがやる」のではだめで、「みんなでやることに意味がある」という話になるのです。つまり、「みんなでやることに意味がある」といういい方には、自己と他者が「似たようなもの」であり、そういう「似たような人たち」が集まって「みんな」になる、という前提があります。

　でも、実際には「みんな」のなかにもいろんな人がいます。やりたい人もいれば、やりたくない人もいる。さまざまな事情から、時間や金銭の余裕がなくて参加できない、という人だっているでしょう。だから「わたしたちは一体」という感覚は、幻想です。

▶ 根強い学級幻想

　このシーンの場合は、「うちのクラスはみんな仲良し」という

学級幻想があるように思います。

　日本の学校は、固定化されたクラスというまとまりのなかで、座席の配置や担任が決められて1年間を過ごします。そこではランダムに集められただけの同年齢（ねんれい）の子どもたちが「クラス仲間」「○組のお友達」と呼ばれ、何か特別なつながりを持つ存在のように扱われます。考えてみると、学校を舞台（ぶたい）にくり広げられる友情や恋愛（れんあい）の物語は小説やまんがやドラマの定番です。それらは見ている側に「いい時代だなぁ、青春だな」というノスタルジックな思いを抱（いだ）かせます。制服姿の女の子が集まった学校の休み時間みたいなアイドルグループは、いつだって人気があります。

　それらを通じてつむぎ出されるのは、「いろんな子がいるけど仲の良いクラス」というあまりにも身近な物語です。こういう物語を実際の学校生活に投影（とうえい）して、学校幻想を生きることが好きな人たちがいます。

「何かイベントがあるとみんな集まる。うちのクラスって仲良いじゃん？　みんなと出会えてよかったな」

「にぎやかな子も静かな子もいろいろいるけど、いざというときにはクラスみんなのために動ける。今年の担任クラスはまとまりがいいな」

　生徒も教師も、そういうのが好き。もちろん好きなのはその人の勝手だし、仲良しクラス幻想を実地で生きて楽しめるなら、悪いことではありません。でも、**それをやる気のない人に強要するのは、話が別**です。

「みんなでやることに意味がある」といわれてしぶしぶ参加す

る人は、「自分が主人公！」と思っている人たちの舞台に、エキストラ役でボランティア出演させられているようなものです。「とっとと帰りたい」と思っても無理はないでしょう。

抜け出すための考え方

　やりたい人がやる。やりたくない人はやらない。やりたくない人はやりたい人の足を引っ張らない。それでいいんじゃないでしょうか。

　実はこれは、1965年に哲学者・評論家の鶴見俊輔や作家の小田実が中心となって始まった反戦運動「ベトナムに平和を！市民連合」（ベ平連）の原則でもあります。ベ平連は組織としてのまとまりを持たず、「ベトナムに平和を！」という主張に共感した市民ひとりひとりの自発的な参加が重視され、名簿もなく「名乗った人がベ平連」とされました。組織のためにがんばって興味のない人を動員したり、「あそこの団体は気に食わない！」と人がやっていることを非難したりするのではなく、「個人が自由意思でやる」ことを基本としたのです。それにより、多様な背景や考えを持つ人と協同することができるようになると考えられました。

　学校だって同じです。**いろんな人がいるわけですから、そろそろ「みんな一緒じゃなきゃ意味がない」は「卒業」してほしいものです。**

32

学級

「学級 (class/classe)」のもとの意味は、「属性によって分けたグループ」です。学級では、個々の教室に同年齢の子どもたちが集められ、年齢に応じて段階化された内容を学びます。そして担任教師が割りあてられ、「○○先生のクラス」「○組のみんな」というまとまりが成立します。

「あたりまえじゃん」と思うかもしれませんが、これは実は「多くの人に多くの知識を、少ない手間と時間で与える」という近代の一斉教授のテクノロジーです。ちょっと想像してください。もしあなたが学校の教師で、だだっぴろい場所に散らばっている子どもたちに勉強を教えなければならないとしたらどうですか？「わたしが教師です！ みんなこっちを向いて！」と大声を張りあげないと気づいてすらもらえないでしょう。そこへいくと学級では、教壇を向いて椅子が並んでいるので、教壇に立つだけで「あの人が先生だな。話を聞こう」と思ってもらえます。つまり、教室という空間が教師の権力を保障しているのです。

また、年齢が同じ人が集まって同じことを学ぶため「優劣」がつき、生徒たちは互いに競争心を持って切磋琢磨するようになります。それは一方で差異を際立たせることにもなりますが、「わたしたちはクラスの仲間」という集団意識が、分断を避けて統合を促していきます。まったく「うまく」できた制度です。

このように「効率的な教育」を目指して成立した学級というシステムですが、現代ではあまり効率的でなくなっています。固定化されたクラスのなかで息苦しさを抱えても逃げ場がなく、個々の自由な言動が「クラス仲間」の同調圧力のなかで制限される——こうした状況が、いじめやスクールカースト、不登校といった現象のひとつの背景となっていることに、想像をめぐらせる必要があるでしょう。

第 2 章

連帯責任を
利用する
言葉

2

「真面目か!」

▶ 複雑なコミュニケーションは大事、だが

「真面目か！」って、コミュニケーションの複雑さをよく表している、おもしろい言葉ですね。真面目であるということは本来、美徳のはずです。でも「くそ真面目」という言葉があるように、真面目を徹底しすぎると「おもしろみのない人」と見なされてしまうのです。言葉の意味はあらかじめ決まっているのではなく、だれと・何の話をしていたか、どんな雰囲気だったかなどによって、そのつど変わります。コミュニケーションでは、言葉だけではなく、その言葉が置かれた文脈も含めて意味を解釈していく必要があります。

　というわけで、「真面目か！」というツッコミも、それ自体が「ずるい言葉」だ、と断定はできません。それどころかこの言葉は、その場に合わない発言を「はい、却下」とあからさまに排除するのではなく、「も〜しょうがないなぁ」とやんわりたしなめることで、損なわれた「空気」を修復する高度な技法、ともいえます。こういう「空気」を共有する同士の高度なコミュニケーションは、とても大事だと思います。たとえば、お笑い芸人のおもしろさはここに関わりますし、親しい仲間うちで「盛り上がる」ことは、明らかに人生の幸福のひとつです。

▶ 場ちがいな人をソフトに牽制する言葉

　問題は、その言葉がどんな状況でいかに使われ、向けられた人がどう受け取るか、ということです。

ツイッターで「#真面目かよ」で検索すると、改まってあいさつするときや図書館で読書するときなどに、自分にツッコむ言葉として使われることが多い印象があります。「いつもはおちゃらけてるんだけど、今日はちょっと真面目にやってみました」という感じ。これは別にいいと思うのです。「自分をどう見せるか」という自己呈示の問題ですから。

　けれどもシーン④では、**相手に対してツッコミがなされています。相手は自分ではないので、どう感じるかを完全に予想することはできません。**この人は、本当に図書館で勉強していたから、そう答えたのでしょう。他方で「夏休み何してた？」から始まる友達同士の会話には、「大した事はしていない、抜け駆けしていない」と語るという暗黙の「お約束」があったと考えられます。それに照らすと、図書館で勉強するのは、親や教師がいうままにひとりだけ「いい子」になる抜け駆けに見えたのでしょう。「真面目か！」とちゃかされた人は、「何か悪かったかな」と気まずく感じたり、「この人たちとは真面目な話はできないな。もういわないでおこう」と思うかもしれません。

　そうなると、「空気を共有して楽しく会話する」ということが、「場ちがいな人をソフトに牽制する」ことへと横滑りしていきます。**そこでは「真面目か！」は、「今そういう話してないじゃん。『空気』読めよ」という圧力になっていきます。**

▶ 真面目で何が悪い

　これを「悪い」とまではいえません。でも、ちょっともった

いなくはないでしょうか？　だって、「真面目な話はできない
んだ」ということになったら、もうそのグループでは、進路や
人間関係の悩み、恋愛相談など、肝心なことが話題にできない
「空気」がつくられてしまうかもしれないのです。**休み時間に楽
しそうに盛り上がるけれども、「自分という人間」に関わる本当
に大事な話はできない。そんな表面的な人間関係を、あえてつ
くりだすことはないんじゃないかな**、とわたしは思います。

　とはいえ、若い人たちにとって真面目になるということは、も
しかしたらこわいことなのかもしれません。わたしは大学で教
師をしていますが、「グループをつくってディスカッションし
て」といっても、学生たちは真面目を避けて雑談してしまうの
で、「きちんと考えて意見をいう人を尊重する」雰囲気づくりか
らやらなければならないことがしばしばあります。

　なぜ、真面目は避けられるのか。「ガチ」で議論したら、互い
の意見のちがいや、語彙力、論理力、知識量などの差があから
さまになるからです。すると序列や対立の関係ができて、横並
びに仲良くするのが難しくなってしまうかもしれません。真面
目を避けるのは、ある種の優しさであり、当たりさわりのない
人間関係をつくっていくうえでの工夫でもあります。

　でもね。真面目に、本気で物事に取り組むって、すごくおも
しろいことですよ。スポーツや芸術、勉強などみんなに認めら
れることならもちろんいいし、そうじゃなくたっていい。鉄道
グッズのコレクションだって、好きなアイドルの推し活だって、
水切りやけん玉だって、節度を守れるのであればゲームだって、
わたしはいいと思っています。

本気になって取り組むと、うまくいくときの規則性や、「その世界」独自のルールなどが見えてきます。「こんなに夢中になれるんだ」「やればできるんだ」と、新たな自分に出会います。すると、露のおりた初夏の草原が朝日を受けてキラキラ光るように、足元の人生がかがやき始めます。それは、単に「おもしろいなー」と表面的に消費するだけでは見えなかった風景であり、これを見たことがあるかないかで、その人の社会や自然に対する理解の深さはちがってくると、わたしは思います。

抜け出すための考え方

　大学のゼミでのこと。普段は「勉強熱心」には見えない学生が、素晴らしい卒論発表を行いました。「自分、真面目やん」と別の学生がツッコむと、「真面目だよ、やるときはやるよ！」とその人。カッコよかったです。
　シーン④でも、たとえば以下のように話してみることはできないでしょうか。
　「うん、真面目な話、図書館いいよ。最初は宿題やってたけど、休憩中にたまたま見つけた本がおもしろくて、その本に出てくる他の本や映画も探しちゃった。なんかすごく今の感覚にぴったりで、大げさかもしれないけど、世界がちがって見える気がしたよ。みんなはそういうふうに感じたことない？」
　真面目上等。もしかしたら、他の人たちも今まで避けてきた話を始めて、関係が深まるきっかけになるかもしれません。

〔優しい関係〕

　社会学者の土井隆義さんは、現代の若者に特徴的な人間関係を「優しい関係」と呼びました（『友だち地獄「空気を読む」世代のサバイバル』2008、ちくま新書）。これは、相手を傷つけないように気を使い、自分も傷つかないように距離を保つ「踏みこまない」関係のこと。真面目な話や本音は、意見の対立を浮かび上がらせるので慎重に避けられます。暗黙のルールを侵さないように慎重に空気を読まなければならない点で、「息苦しい」関係でもあります。

　土井さんによれば、若者の自己のあり方は、戦後日本社会のあり方と連動して変化しています。1950年代後半から70年代前半までは、経済成長して高校進学率なども伸びる「拡張社会」でした。そこでは、自己は社会との関係のなかで見出されます。就職や結婚など「社会的にこうあるべき」とされる合意があり、そこに到達すると「自己を確立」したと見なされました。つまり、「社会が用意した指定席に収まる」ことが、「自分になる」ことだったのです。

　ところが70年代半ば以降、経済成長は頭打ちで高校進学率も飽和し、社会のリアリティが消失していきます。教育も個性化路線となり、「社会的にこうあるべき」とされるライフコースは揺らぎます。すると自己は、物理的な身体や人格など、自分の内側をのぞきこんで見出すものになります。友人関係は、勉強や仕事など社会的な場面で切磋琢磨するよきライバルではなく、「笑いのツボが同じ」など身体感覚で直感的につながる「感覚の共同体」です。

　すると、自己は揺らぎやすくなります。社会という外部に裏打ちされず、場当たり的な関係性によって承認されているだけなので、独特のもろさを抱えざるをえません。そこに「優しい関係」が発生してくるというわけです。

　そう考えると、「真面目か！」も「優しい関係」の距離感を保つための戦略的な表現だといえそうです。

「みんなが迷惑してるよ」

▶ みんなってだれだ

　学校の授業というものを、シーン⑤のクラスメイト2人は「黙って聞くもの」だと思っています。それに対してCさんは、「わからないところがあったら質問する」のが授業だと考えています。Cさんのように積極的に質問し、教師との対話を通じて学びを深めていくのは、ある意味で理想的な学習のかたちでしょう。とはいえ、ひとつの教室に40人近い生徒がひしめいている中学校も少なくないなかでは、それをやると他の生徒の学びに支障が出るのもまた現実です。シーン⑤には、授業というもののとらえ方のちがいが表れています。

　意見や立場の相違なら、「わたしはこういうつもりでしているんだよ」「でも、それはわたしにとってはこういうことに見えるよ」などと、話し合いを通した歩み寄りを目指すことができます。でもシーン⑤では、「みんなが迷惑する」という言葉で、「授業でわからないところを先生に質問する」という学ぶうえで大切なことが「わがままな迷惑行為」とされてしまっています。

　ところで「みんな」ってだれでしょう？　その場にいる全員のこと？　そんなはずはありません。もしかしたら、質問された教師は生徒の熱意を感じてうれしいかもしれないし、「わたしもちょうどそこを聞きたかった。勉強になる」と思っている生徒もいるかもしれません。「そんなのどうでもいいよ、関係ない」という人だっているでしょう。

　にもかかわらず、ある人の行為を「わがまま」「迷惑」と断じるとき、「みんな」という表現が使われることがしばしばありま

す。それによって、その場がそれぞれちがう考えや立場の個人の集まりではなく「みんな」というのっぺりした、個人が溶けてひとかたまりになった集団であるということが前提されます。

　立場のちがう独立した個人なら話し合いができますが、相手が一枚岩の大きな集団ということになると「同化して一員になるか、自分という個を保ったままで外れ者になるか」という「究極の選択」になります。これでは対話の余地はありません。そこでの**「みんな」は、「だれが」という主語をあいまいにすることで、話し合いの可能性を封じこめる言葉になっています。**

▶ **ルールか、空気か？**

　さらにいえば、「みんなが迷惑している」といういい方は、きちんとした手続きでつくられたルールではないのに、空気の圧力で人の行動や考えを変えようとするときに用いられます。「授業中に生徒は教師に質問してはいけない」というルールはありません。そこにあるのは「授業が中断されるから質問するな」という空気です。ルールが問題にされているならば、「原則はこうだよね」「でもそれだと問題がある」「じゃあルールを変えよう」と話し合うことができます。でも、空気はいつのまにかできていて、いつもそこにあるため、対象化して語れません。結果として反論することも、現状を変えることも封じられてしまいます。**「みんなが迷惑している」という言葉のずるさは、まさにこの「ルールの問題として考えることを封じ、変更の手続きをなくす」という点にある**といえます。

「かぼちゃのつる」という小学校1年生向けの道徳の教材を思い出します。こんな話です。太陽の下、「こっちへのびよう」と畑の外につるを伸ばすかぼちゃに、犬やハチなどが「みんなのとおるみちだよ」などと注意しますが、かぼちゃは聞かずに「こっちへのびたい」と道路にはみ出します。あげくトラックにひかれて「いたいよう」と「ぽろぽろなみだをこぼして」泣いてしまう。テーマは「わがままをしてはいけない」です。

　太陽に向かってぐんぐんつるを伸ばすかぼちゃは、自由にふるまう子どもたちそのものです。「わたしだよ！　わたしがここにいるよ！」と全身で叫んでいていい子どもたちに、学校は「自分を出すことはわがままなのだ、『みんな』の迷惑になるのだ」とまず教えるのです。

　こんなふうに教育された子どもは、「自己主張はしてはいけないのだ」と感じるようになるでしょう。「意見や質問はありますか」とたずねても、シーンとしてだれも手をあげない、聞いているのかいないのかわからない消極的な聴衆が、こうしてできあがります。そうやって日本の学校生活を過ごした若者が、その後留学などで「ディスカッションへの貢献」が評価される異文化の場に置かれたらどうなるでしょう。「手を挙げて主張する」ところから、いいえ、そもそも「授業の内容について自分の意見を持つ」ところから、学び直しが必要かもしれません。

　グローバル化のなかで、いろんな背景や考え方を持つ人と出会う機会が増えています。あいまいな「みんな」を前提できる範囲はどんどん狭まっていきます。そうであれば、自分の「あたりまえ」を問い直し、きちんと意見を主張して関係を調整し

ていく「くせ」を若いうちからつけておいたほうがよいことに
疑いの余地はありません。

「迷惑しているのは『みんな』じゃない、『あなた』でしょう？
それならごまかさずにそういって、『わたし』と『あなた』の利
害のすり合わせをしようよ」

　シーン⑤であれば、そんなふうに提案することができます。
すると、たとえば以下のような展開が考えられるのではないで
しょうか。

　生徒Ａ「わからないところは質問したい。それは生徒の権利
だよ」

　生徒Ｂ「そうだね。でも、邪魔されず授業を受ける権利だっ
てあるよ。授業の流れを止めずに質問できる方法を考えようよ」

　生徒Ａ「わかった。じゃあ、先生に毎回授業の終わり10分は、
質問に答える時間を取ってもらうようにするのはどう？　質問
はメモしておいて、そのときにまとめて聞くようにする」

　生徒Ｃ「いいと思う。それなら他の人も質問しやすいね」

　互いの立場のちがいを明らかにしたうえで、対立ではなく対
話によって、解決法を探っていく。それは民主主義というもの
の手続きにほかなりません。そこでは「みんな」という言葉で
うやむやにされていた利害当事者としての責任が、引き受けら
れていくことになるでしょう。

[多様性　ダイバーシティ]

　ジェンダー、セクシュアリティ、障害、年齢、人種、国籍など、人びとが帯びるさまざまなちがいのことを「多様性／ダイバーシティ」という言葉で表すことがあります。政治、経済、教育をはじめさまざまな領域で多様な背景を持つ人が活躍すると、社会が豊かになり、創造性が高まるといわれています。

「年長の男性」のように現在の社会で既得権を得ている人だけで物事を決めていると、少数派のニーズをくみ取ることができません。すると、たとえば「組織の災害対策委員会に女性がひとりもおらず、災害時の備蓄品リストに生理用品がなかった」なんてことが起こります。また、学校で女子の制服にスラックスが導入されるなどジェンダーレス化が進んでいることを思い出してください。性別二元論（「人の性別は男性か女性かに分かれる」という性の二分法）に違和感を持つトランスジェンダーなどの人たちの視点が、そのような変化を可能にしたのです。

　日本では、2020年代前半の今日においてもまだ、国会議員の女性比率や企業の管理職は1〜2割程度にすぎません。あとの8〜9割は中高年の男性で、この人たちの視点が社会を動かしている現状があります。2021年、政治家の女性蔑視発言を受けて「＃わきまえない女」というツイッターの投稿が広まりました。この事件は、多様な立場から場の空気を壊してでも意見をいう実践を積み重ねることで、社会は変わると示したといえます。

　「みんな」というのっぺりしたひとかたまりの集団を前提して多様性に配慮しない態度は、日本社会のそこここに見られます。でも、重要なのは、「みんな」は決して一枚岩ではなく、その場には多様な差異を帯びた個人が集まっているということです。他者と出会い、ともに生きていくために、まずは多様性に敏感になることから始めてみたいものです。

「どうせ無駄だから
やめときなよ」

▶ ヘンなルールは「仕方ない」？

　学校でも部活でもアルバイト先でも、ヘンな決まりってありますよね。試しに中学時代の生徒手帳などを開いて、そこに書かれている校則を見てみてください。「何これ、なんで？」と思うものがいくつかはあるのではないでしょうか。わたしは大学で教師をしており、大学生に「これまで経験したヘンな校則」について書いてもらうことがありますが、「マフラー禁止（首が締まるから）」「日焼け止め・リップクリーム禁止」「下着は白のみ」といった「ブラック校則」がたくさん出てきます。なかには「赤い傘禁止（赤は攻撃的な色だからチャンバラごっこが始まりやすい！）」「スカート丈はひざまずいた状態で床に付く長さでなければならない（女子生徒はみんな膝立ちでチェックされる！）」なんていう、ここまでくると笑うしかない、というものもありました。

　こういうものに出合って、「ヘンじゃない？」「ヘンだよねー」と感覚を共有し盛り上がることはあるでしょう。抑圧に慣れて「だってそういうものなんだから、考えても仕方ない」と話題にも上らないよりは、ずっといいと思います。でもその先となると、「だったら変えていこう」となるのはなかなか難しい現実もありますよね。変えるためには、現状を把握して、集団の構成員の意見を聞き、それをまとめて提案し、制度として承認してもらう、という一連の民主的な手続きを踏まなければなりません。時間も手間もかかります。「そこまでは、ちょっと」と思ったとしても、それはある意味では無理もありません。

けれども、「ヘンだけど仕方ないよね」と思って何もしなければ、世の中は変わりません。逆にいうと、**「だったら変えていこう」と行動につなげていく人たちがいたから、今の社会がある**のです。シーン⑥の「スポーツバッグを学校指定のものではなく自由にする」ということは、一見ささいな、どうでもいいことに見えるでしょう。でも、そこには「集団のルールは、何のために・だれのためにあるのかを問い返されるべきだ」「ルールがおかしいときは、意見を主張して変えていくことができるはずだ」という重要な主張が隠れています。それは「あたりまえ」とされていることを疑い、必要があればつくり直していくという姿勢につながっていきます。

▶「どうせ無駄だから」のずるさ

「どうせ無駄だからやめときなよ」という言い方がずるいのは、相手の主張の原動力になった「ヘンだよね」という感覚自体は共有しているのに、**自分は行動にうつさないことを、相手を抑圧することで正当化してしまう**ところです。自分はやらない・できないなら、「わたしはめんどうだからやらない、そこまで労力はかけられない」といえばいいのです。そういう自分の限界を認めることをしないで、「どうせ無駄だから」と相手の行動の芽を摘んでしまうのは、結果的に、自分も「ヘンだ」と感じていたはずの「あたりまえ」が、これまで通り続いていくことに加担してしまっています。

このように、**社会を変えようとするさまざまな行動が、支配**

する側からだけでなく、支配されている同じ立場の人々からも「波風立てるなよ」「無駄なことをするな、目ざわりだ」というかたちで押さえつけられてしまうことは、決してめずらしくありません。

とはいえ、「どうせ無駄だ」とやる前からあきらめてしまう態度は、もしかしたら、これまでの経験に基づいているのかもしれません。子どもは、いろんなことを不思議に感じる生き物です。「なんで学校に行かなきゃいけないの？」「どうして勉強する必要があるの？」という根源的な問いを発したとき、周りの大人たちは「なんでだろうね」とその問いを共有し、自分の考えを真摯に語ったでしょうか。「どうして時間割が決まっているの？　勉強する科目が好きに選べればいいのに」「登校班が決まっているのはなんで？　好きな時間に好きな友達と行きたいよ」という子どもの問いを、「そういうものなんだから、仕方ないでしょ」とバッサリ切り捨てなかったでしょうか。

「これ、おかしいよ。変えたいよ」と主張しても「つべこべいわずにとにかく従いなさい」としかいわれない事態が続いたら、だれだって「無駄なことはもうやめよう」と思うにちがいありません。これを「学習性無力感」といいます。つまり、あきらめを学んでしまうわけですね。

10代・20代の皆さんは、物心ついてからの人生の大きな部分を学校という空間のなかで過ごしてきて、「どうせ無駄だ」と思う気持ちを強めている人も少なくないかもしれません。だけど、もし身近な人が「ねぇ、変えていこうよ！」といい始めたら、そのあきらめはちょっと脇へ置いて、耳を傾けてほしいの

51

です。相手の言葉はあなたの胸を打ち、「もしかしたら変えられるかもしれない」という思いがわいてくるかもしれません。

「社会を変える」というと大げさに聞こえますが、「社会」には「自分」も含まれています。

　社会学者の小熊英二さんは、東日本大震災のあとの首相官邸前の反原発デモについて次のように書きました。

「『デモをやって何が変わるのか』という問いに、『デモができる社会が作れる』と答えた人がいましたが、それはある意味で至言です。『対話をして何が変わるのか』といえば、対話ができる社会、対話ができる関係が作れます。『参加して何が変わるのか』といえば、参加できる社会、参加できる自分が生まれます」（『社会を変えるには』2012、講談社現代新書）。

　実際に制度が変更されるまでには時間がかかり、一見「無駄だった」ように見えるときがあるかもしれません。ですが「**どうせ無駄**」と思っていた自分が「**未来に賭けてみよう**」と思い直して動き始めた時点で、「**社会」はすでに変わっている**のです。ほんの少し、でもきっと、決定的な少し。

[ローザ・パークス]

　ローザ・パークスをご存じですか？　アメリカの公民権運動の活動家の黒人女性です。1955年、アラバマ州モンゴメリーの市営バスに乗っていたローザ・パークスは、白人に席をゆずることをこばみ、そのまま座り続けました。当時のアメリカでは人種隔離（かくり）が制度化されていて、南部諸州では学校やレストラン、ホテル、バス・列車、公園などの公共空間が「白人用」と「黒人用」に分かれていたのです。当時のモンゴメリーの条例では、バスの前方は白人が座り、黒人は後方に座ることが定められ、バスが混んだときには黒人が席を立って白人エリアを拡大することが「あたりまえ」と見なされていました。ところが彼女は、人種隔離への抗議（こうぎ）をこめて、その「あたりまえ」に従わなかったのです。

　その結果、ローザ・パークスは逮捕（たいほ）されます。でも、彼女の行動は「あたりまえだとされてきたことに従わないことで、社会を変えていける」と示しました。その勇気ある行為に共鳴する人がたくさん現れ、公民権運動の広がりに大きな影響（えいきょう）を与えたのです。

　もちろん、明文化されていない差別は今も存在しているとはいえ、わたしたちはアメリカという国に対して「多様性に対する取り組みが進んでいる国」という印象を持っているのではないでしょうか。多様性を尊重する社会は、人びとがそれを求めて行動してきたからこそ、勝ち取られたものです。

　ローザ・パークスは特別な人ではなく、百貨店のお針子として働いていた当時40代の女性でした。彼女の行為もまた、ただ「座り続ける」という地味なものでした。けれどもその小さな行動は、大きな社会の変化のきっかけをつくりました。「どうせ無駄だからやめときなよ」という声が、もしもこういう個々の小さな行動を抑え（おさ）こみ続けていたら、人種差別的な制度は今も続いていたかもしれないのです。

「生きづらさ」という言葉は、2000年代以降さまざまな領域で使われるようになりました。発達障害の生きづらさ、無職であることの生きづらさ、女性の生きづらさ、などです。

この言葉は、「なぜ生きづらくなっているのか」という原因の部分があいまいで、他者と共有するのが難しいときに使われる傾向があります。たとえば、「病気で働けない」とか「いくら面接を受けても落ちてしまう」という話なら「大変ですね」となりますが、「がんばれば応募できる求人はあるけど、過去の人間関係の失敗からどうしても仕事に一歩踏み出せない」という場合には、理解されることが難しくなり、「えっ……それは知らないよ（甘えているのでは?）」となりやすいでしょう。すると、本人は「自分の苦しみはわかってもらえないのだ」と、個人で抱えこむしかなくなり、生きづらさがふくらみます。つまり、生きづらさでは「もともとのしんどさ」と「わかってもらえないしんどさ」が二重にのしかかってくるのです。

少し抽象化すると、生きづらさは「個人化した人生の苦しみの主観的な表現」だといえます。ドイツの社会学者ベックによれば、個人化とは、近代化の進行によってコミュニティが弱体化し、人びとの自由が増える一方で、社会の矛盾が直接個人に降りかかってくる事態です。たとえば、かつてであれば「障害者」や「女性」といった特定の属性を持つ人

は、まとめて差別されていました。この場合、差別は苛烈ですが「社会の問題」であることは明白で、同じように差別されている仲間とともに抵抗することができます。ところが、建前の上では差別がなくなり、「障害があっても、女性でも、能力を活かせる」とされるようになると、そこからもれ落ちるのは「自己責任」ということになり、別種のしんどさが生まれるのです。

問題は、個人の自由が増えても構造的な差別があることは変わらない、ということです。「女性でも正社員になって管理職になれる」としても、実際には女性管理職の比率は低く、著しいジェンダー差があります。そんなふうに客観的なデータでは明らかな不平等があるのに、個々の人生に焦点を当てると「チャンスは与えられたのだから、自己責任」と見えてしまうのです。

また、属性はマジョリティであっても、さまざまなかたちで社会からもれ落ち、「生きづらさ」を抱える場合もあります。男性であっても安定した雇用に就けるとは限らなくなったのに、「男性なら一家を養うべき」という男らしさの規範は継続しており、「男性の生きづらさ」が生じる、という具合です。

マジョリティ／マイノリティではとらえられなくなった社会からのもれ落ちを、個人の主観からとらえ直す言葉。それが「生きづらさ」だといえます。

第 3 章

親切を装った言葉

3

「どうなっても知りませんよ」

▶ こわい PTA

　シーン⑦のお母さんは、すごいと思います。「PTA は任意ですよね」って、なかなかいえることじゃありません。

　ある小学校で、PTA から 4 月に配られる文書を見たことがあります。

「子どもひとりにつき一度以上は PTA 役員を務めてもらいます。○月○日の役員決め総会に必ず出席のこと。出席できない場合は委任状を提出してください。免除対象の場合は事前に申告してください。無申告・無断欠席の場合、役員に選出されたら引き受けてもらいます」

　その脅迫的な書き方に、思わず「こわい」とつぶやいてしまいました。1 年生の親は、先輩親から「働いているなら地域活動委員がいいよ、会合が土曜日だから」とか、「低学年のうちに済ませておくのが得策。6 年生で学年委員になると、運動会のダンスのときみんなの前でお手本を踊らなきゃならないのよ」などとアドバイスを受けていました。「じゃあ○○委員かなぁ」などと思案する 1 年生の親たちに、「そもそも加入するか・しないかを選べる」という前提はありませんでした。

　けれども、じゃあシーン⑦のようにいわれて、それでも「わたしは入りません」といえたでしょうか?

「全員参加のポイント制」とは、PTA の係に重要度によって点数を付け、「何点以上」などとノルマを決めておくやり方で、「負担の平等」を確保するためにしばしば行われています。だからこの発言は、「みんな苦労しているのに、ひとりだけ負担を引き

受けないんですね？」ということを意味します。ここで「やりません」と押し通せば、「勝手な人」と親同士の人間関係から外されるかもしれません。地元のしがらみがあったり、仕事と生活圏（けん）が重なっているという人は難しいでしょう。

また、「卒業式のお花」を持ち出すのは「加入しないと、あなたの子どもがのけ者にされますよ」という脅迫です。PTA関連ではしばしば「子どもが人質」という言葉を聞きます。自分は何と非難されてもいい、という人だって、子どもに不利益があるとなれば躊躇（ちゅうちょ）するのではないでしょうか。

これらを考えると、シーン⑦の母親が希望通り断れるかどうかは、心もとない気がします。PTAを取材する新聞記者の堀内京子さんは、小学校の説明会でひとりの母親として、多くの保護者や教師の面前で手を挙げ、「PTAは入退会自由ですよね？」と質問したときのことを次のように書いています。

「新聞記者の仕事をして20年、社長会見や大臣会見で食い下がることはあった。でも人生の中で、あのPTA説明会でのたった一つの質問ほど、口が乾（かわ）き、舌が思うように回らなかった経験はない」（『PTA モヤモヤの正体』2021、筑摩選書）。

知識・スキル・経験のある人でさえそうなのですから、「よく知らないけどなんとなくイヤだなぁ」と思っている一般の保護者が断るハードルはどれほどでしょう。「参加は任意。だからわたしは入りません」は、それ自体は正しいけれども、なかなかいえない言葉なのです。

▶ **互いの監視（かんし）はだれのため？**

「どうなっても知りませんよ」という言外の意味を持つ、この
の言葉の背景を考えてみましょう。そこにあるのは、相互監視
の抑圧です。別にこのセリフをいっている人だって、やらなく
て済むなら PTA なんてやりたくなかったかもしれないのです。
もちろん楽しんで、やりたくてやっている人もいるかもしれま
せんが、そういう場合は断られたって「あらそう、やればおも
しろいのに」くらいのもので、「どうなっても知りませんよ」
なんて圧力をかけることはないでしょう。**自分だってイヤだけ
ど「負担は平等に」という掟に逆らわずやってきた、とい
う人が、「ひとりだけ楽をするのは許さない」と隣の人に監視の
まなざしを向ける**のです。

　ところが、それをやってもその人に得はありません。自分の
負担が減るわけではないのですから。江戸時代の五人組や、第
二次世界大戦下の隣組に明らかなように、相互監視の制度に
よって利益を得るのは、「掟」を定めるより上位の権力です。こ
の場合、**一番ずるいのは、「どうなっても知りませんよ」と互い
を監視する個々の人ではなく、自分は何もしなくても目的を達
成できる上位権力**なのです。

　PTA の場合は、「よーし、保護者に互いを監視させて効率よく
支配してやれ」と考える「わかりやすい権力者」がどこかにい
るわけではないかもしれません。でも、PTA という組織は、実
はピラミッド型の全国組織で巨額のお金を動かしており、全体
像がわかりにくいところがあります。そこには「保護者の無償
の労力提供によって教育支出を抑えながら、それを『子どもの

ため』といいくるめる構造」を、見て取ることができるかもしれません。

　だめなのは「負担を避けるあの人」ではなく「負担を強いてくる構造」です。そう考えると、「互いの足を引っ張りあうのではなく、構造を見通す」という道が見えてくるのではないでしょうか。**このシーンの登場人物たちは対立しているように見えますが、実は同じ構造のなかでともに抑圧されており、社会を変えるニーズを持っている人たちなのかもしれません。**
「こういわれたら、こういい返せばよい」というような簡単な対処法はありません。でも、引いた視点から自分が巻きこまれている状況を見すえ、どのような仕組みのなかでみんながしんどくなっているのかを考えることはできます。「みんなイヤだけど引き受けている」のはなぜでしょう。みんなが引き受けなくなったら、困るのはいったいだれでしょう。そもそもPTAとは、いったい何のための、だれのための組織なのでしょう。

　「みんなイヤだけど引き受けている」なら、その「みんな」と監視しあうのではなく連帯し、一緒に制度を変えるという方向性だってあります。実際に、PTA改革が進められ、活動内容をしぼって任意参加にするといった改革が行われるケースも増えてきています。

[PTA（Parents & Teachers Association）]

　2010年代以降、PTAの問題は、メディアやSNSなどを通じて知られるようになりました。たとえば、共働き世帯のほうが優勢なのに平気で平日の昼間に設定される会合。貴重な有休を使って学校に集まり、折り紙を折っているワーキングマザーはめずらしくありません。そして抑圧的な役員決め。免除してもらうために「病気」「介護」などの事情を会員の前で話させるところもありますが、個人情報保護の観点からNGです。極めつけが、「任意だけど実質的には強制加入」という慣習。法的には何の根拠もありません。

　近年では、任意加入の原則を明示したり、活動をスリム化して「やりたい人だけがやる」とするなど、改革事例も見られるようになりましたが、課題が多いのも現実です。

　また、PTAは、各学校単位のPTAの上に地域ごとの連合会があり、さらに上に日本PTA全国協議会がある、というピラミッド型の組織で、そうした構造もさまざまな問題をはらんでいます。

　そのひとつが、お金の問題です。上部団体のPTAは補助金の受け皿になったり、保護者が支払う会費が「上納」されたりと巨額のお金が動くのに、その流れは不透明です。

　ジェンダー不平等の問題も深刻です。会員のほとんどが母親なのに、会長や上位団体になるにつれ男性が増えます。母親たちは、子育てと仕事に追われながらPTA役員を引き受け、対外的に発信する場では「長」である男性を立てています。そのうえ「動員」されて興味もないのに参加した講演会で「ぞうきんは手縫いしろ」などといわれた日には、たまったものではありません。

　子どもの学校に親が関わることは、大切です。それは学校が地域に開き、多くの人との交流のなかで子どもが学び、育つことを支えるでしょう。そうした環境を整備するためにも、問題を直視し、適切に対応することが求められます。

「仲良くしたいなら 守ってね」

▶ 友達と過ごす時間は楽しい！

　中学校入学と同時にスマホを持ち、友達と LINE などで連絡を取るようになる、という人は多いのではないでしょうか。子どもたちのインターネット利用では、すべての年齢で動画視聴が多く、小学校以降にゲームが、中学校以降にコミュニケーションや音楽が増えていくことが指摘されています（内閣府『青少年のインターネット利用環境実態調査』令和 4 年度）。主に「自分が楽しむために」使っていたインターネットを、「人とつながるために」も使うようになる、その転換期が中学生です。

　スマートフォンの普及で、その気になればリアルタイムで 24 時間、人とつながっていられるようになりました。中学生・高校生にとって目の覚めるようなことでしょう。もちろん、夜のあいだずっと友達と話していて高額な電話代に親がぎょう天した、とか、恋人と寝落ちするまでメールしていた、みたいなことはもっと前からありましたが、スマホで LINE グループのやりとりをすることには、特別な「親友」「恋人」との 1 対 1 とはちがう、グループ内でのコミュニケーションまでだらだら続けられてしまう、という点にひとつの特徴があるといえます。

　基本的には、友達と集団で盛り上がるのは楽しいことです。わたし自身の 10 代を振り返っても、友達と一緒に過ごした濃密な時間は、あのときにしかできなかった経験として今も鮮明に残っています。学校や地元の友達グループと、夜の公園やカフェやカラオケや集まりやすいだれかの家でいつまでもしゃべって、意味もなくけらけら笑ったり、しまいにはだれかが泣き出した

り、「星きれい、夜桜きれい」とにわか詩人になってみたり、徹夜のあとの朝焼けを見ながらバイバイするまで、何をあんなにしゃべることがあったのか、今ではなぞです。あれは本当に意味のない、というより意味があるかないかなんていうつまらない論理を超越した、特別な時間でした。こういう楽しい時間を離れた場所にいても持てる可能性があるなら、それ自体が「悪い」なんていう根拠はありません。

▶ 仲間感覚を持つために「前提づくり」が必要

　ただ、インターネットで人とつながるにはいろいろな暗黙のルールがあり、大人でも大変です。たとえば仕事の依頼だって、対面や電話で話せばだいたいのニュアンスが伝わりますが、メールだと表情や身振りなどの情報が少ない分、言葉の比重が大きくなるので、特別に気を付けて正確に書かないと、誤解の余地が大きくなります。まして「これを伝えたい」という確たる内容がなく、「つながっていること」それ自体を目的とするようなコミュニケーションでは、言葉の正確さだけではなく、絵文字の使い方から文章の長さ、語尾や名前の呼び方などの微妙なニュアンスが問題になるでしょう。

　わたしの時代のように時空間を共有していれば、黙ってじっとしていてもそこにいるだけで、「わたしたちは仲間」という相互理解が成立しやすい面がありました。けれども現代の SNSのグループでのコミュニケーションでは、仲間感覚を維持するにはがんばって前提を整えなければなりません。シーン⑧のグ

ループにおいて、「仲間なら即レス」というルールの設定は、そういう不安定な「わたしたち」を維持するためにの前提づくりなのかもしれません。まあ、思春期の仲間感覚は得てして不安定なものですから、SNSというツールはその不安定さを増幅・可視化させているに過ぎない面もあるでしょう。

　でも、前提づくりをしないと仲間感覚が維持されないなかでは、ふとしたはずみで、「これを守らないと仲間ではない」という強迫が起こりやすくなります。このシーンもそうですね。「仲良くしたいなら守ってね」という言葉からは、「即レス」をせず自分の生活時間を優先させるあなたは「わたしたち」ではない、というメッセージが伝わってきます。**もともと「わたしたちは仲間」という個々が自発的に抱く感覚があって、それを大事にするために即レスというルールをつくったはずなのに、ルールのほうが前面にせり出してしまって、仲間が「違反取り締まり警察」みたいになっては本末転倒です。**

　また、SNSは他者や社会とつながるツールであるだけでなく、つながりの量や形式をあけすけに見せます。フォロワーは何人か、いくつの「いいね」がついたか、あの投稿は「匂わせ」ではないか、といったことが気になる仕組みになっているのです。すると現実の生活や人間関係は、SNS上に照らし出されたつながりを組みこんで回っていくことになります。「SNS疲れ」という言葉があるように、これは便利で楽しいだけでなくストレスの素にもなることを、知っておくのは重要でしょう。

　具体的な対策をいくつか考えることができます。

　その１。「だったら LINE のグループ入らなくていいや。めんどくさいし」。孤立を恐れない人は、そういえばいいと思います。今目の前の人たちと無理に仲間にならなくても、あなたにふさわしい人がきっとそのうち現れます。

　その２。「みんなは不自由じゃないの？　返信はできるときでいいんじゃないかな。わたしはそうさせて」。グループとの関係を大切にしたいなら、思い切ってそういってみましょう。**率直に意見を交わせてこそ仲間**です。葛藤を生じさせることになりますが、あなたが「それに値する」と感じた人たちなら、案外スムーズに「実はちょっとそう思ってたんだよね」「あなたがそういうなら変えようか」という話になるかもしれません。

　その３。「ごめん、うち親が厳しくて。決まった時間と場所でしかスマホ使えないんだ。それにちょっとしたことですぐ取り上げられるの」。波風を立てずにやり過ごすなら、これもありでしょう。最初にこういっておけば、ルールを破っても「不可抗力だから仕方ない」となります。嘘も方便です。

　いずれにしても、**流れで「わかった」といってしまい、生活をグループ LINE にしばられて疲弊する**、**というあり方だけは避けましょう**。そうまでしてつながっていてもよいことがあるとは考えにくいし、自分が受け入れた束縛を新しく仲間になる人にも受け入れさせるべく、今度はあなたが「仲良くしたいなら守ってね」と強迫する側になってしまうかもしれません。

［インストゥルメンタル（道具的）
コンサマトリー（自己充足的）なコミュニケーション］

　コミュニケーションには、伝える内容が明確に決まっていてそれを伝えるためになされる「インストゥルメンタルなコミュニケーション」と、コミュニケーション自体を楽しむためになされる「コンサマトリーなコミュニケーション」があります。コミュニケーションは、前者では「手段」ですが、後者では「目的」そのものです。仕事のホウレンソウ（報告・連絡・相談）などは前者の典型でしょうし、「友達と集まってだらだら話していたらいつのまにか5時間も経っていた」なんていうのは後者になります。

　コンサマトリーなコミュニケーションは、まちがいなく、人が人とのつながりのなかで生きる醍醐味のひとつでしょう。ただ難しいのは、インストゥルメンタルなコミュニケーションなら「わかりやすい言葉で伝えよう」「根拠を示そう」などとある程度事前に操作することができますが、コンサマトリーなコミュニケーションの場合、「さあ、楽しく交流するぞ！」と思って臨んでも、必ずしも思った通りにはならない、その場の流れで盛り上がらなかったり険悪になったりすることもありうる、というところです。

　楽しいコミュニケーションになるかどうかは、ある程度外的な条件を整えることはできても、究極的にはやってみなければわかりません。逆にいえば、この「やってみなければわからない」という操作できなさこそが、関係づくりの魅力でもあるのです。

　それを、事前に操作しうるもののようにあつかってしまうとき、シーン⑧のような「楽しく交流するためなんだから、イヤでも守ってね」という、「手段の目的化」ならぬ「目的の手段化」ともいうべき奇妙な事態が、起こりやすくなるような気がします。

「悪いところをみんなで 教えてあげたの」

▶「みんな」が「ひとり」に改善点をアドバイス？

　ときどき起こってしまいますよね。ひとりに対して複数人で、その人の「悪いところ」をいい合う、というシチュエーション。わたしが思春期だった 80 ～ 90 年代にも、「放課後に呼び出されて先輩や同級生の集団から文句をいわれる」という話はありました。内容はたいてい「1 年生のくせにスカート短くして生意気」「最近、調子に乗ってる」というようなよくわからないもので、要するに「ちょっと周囲から浮いた、異質な人」に難くせをつけ、しかも「改善点を指摘してあげたのだから正義は我にあり」と正当性を主張するものでした。今は趣味のグループやインターネットなど、発生する時空間や集団が多様化しているかもしれませんが、基本的な特徴は変わらないでしょう。

　文句をいうほうは「自分たちの秩序を乱された」という被害意識を持ち、「それを正した」のだからよい行いである、とばかりに堂々としています。けれどもいわれるほうにとっては、**反論を許されない状況で、あいまいな内容について、一方的に人格や言動を否定されるわけですから、暴力**です。

　でも、そんなふうにいわれても、シーン⑨の女の子たちは、納得しないかもしれませんね。「悪いところを指摘して何が悪いの？　今の D ちゃんは周りをイヤな気持ちにさせてるんだよ。改善してくれたらもっと仲良くできると思ったんだもん」って。確かに、多様な人びとがともに社会生活を営むために、不快に感じたことを言葉にして相手に伝え、必要があれば言動を改善してもらうというコミュニケーションは大事です。でも、シー

ン⑨はそのようなコミュニケーションとはちがいます。何がち
がうのでしょう。

▶ずるさのポイント

「悪いところをみんなで教えてあげたの」という言葉のずるさ
は、第一に、立場が対等でないことにあります。「ひとり対多
数」となっている点で、Dさんは孤立させられ、反論すること
は容易ではなく、一方的に「いわれっぱなし」になってしまう
可能性大です。教師や上司など権力を持つ側の人に訴えるとき
に、権力を持たない側の生徒や部下が複数人で主張する、とい
うならわかりますが、学校の同級生など並列の立場だった場合、
数が多いということはそれだけで相手を抑圧します。

　第二に、「指摘」の内容があいまいで、具体的な改善方法がわ
からないことです。たとえば、「遅刻するのはやめて」「その呼
び方はイヤだから名前で呼んで」という話なら、言葉で説明さ
れれば理解でき、対応を変えられるでしょう。でも「目つきが
悪い」「いい方がむかつく」「態度がえらそう」というのは、意
図的ではなく、その人の身体に染みついたふるまい方の様式に
近いですから、「直そう」と決めて直せるものではありません。
つまり、これは**実質的には「言動を改善してほしい」という要
請ではなく、人格否定**なのです。

　第三に、先の点と関連しますが、「改善」されたかどうかは
「みんな」の感覚で判断されるために、相手の土俵に乗ったが最
後、終わりのない「難くせづけゲーム」が始まる危険性がある

点です。たとえば、「目つきが悪い」といわれて、「一重だから
かな」とドラッグストアで二重のりを買ったり、いつもニコニ
コ笑顔でいるよう心がけたりしてもかえってぎくしゃくし、そ
れがまた「わざとらしい」などと非難の対象になる、というこ
とはまれではありません。「目つきのよさ」に客観的な基準はな
く、関係性が投影された主観的な評価しかありえないからです。
**いいかえれば、「目つき」「いい方」「態度」などが問題にされる
ときは、「何か気に食わない」という結論のほうが先にあり、そ
の理由が後付けで探されている**、ともいえます。このループに
はまってしまうと、「いわれた側」はいったいどうすれば受け入
れられるのかと、「いう側」の評価を気にして毎日びくびくして
過ごすほかなくなります。関係性が「いじめ」へといたるのは
こんなときです。

　こういうシチュエーションに遭遇したら、「悪いところを教え
てあげている」という正当化の言葉に注目するのではなく、そ
の**「集団でひとりの悪い点を指摘する」という言動が、いった
い何をもたらしているかという「効果」の側面に目を凝らす必
要があります**。結果として、具体的な改善点は明らかにならず、
「個性を殺せ」という不当な要求になっていて、「いわれた側」
は自尊心を削られておびえ、コミュニケーションは阻害されて
いる。それを認識できれば、「異質な他者と共存するために行わ

れるコミュニケーション」ではなく、「集団の同調圧力で個性を殺す」暴力である、と認識することができます。

　だから、こういう状況に遭遇したら、効果的な言葉を探すより、まずはその場から逃げ出すことを考えたほうがいいです。「ひとり対多数」など土俵そのものが対等ではないなかで、いくらコミュニケーションを試みても、うまくはいきません。なぜなら、相手の土俵に乗ることで「対等でなさ」をみずから強化してしまうからです。

「待って、みんなでひとりの悪いところを一方的にいうっていうこの状況自体がおかしいよ。これじゃまともな話はできないから、わたしもう行くね」

　そんなふうにいってさっさとその場を去りましょう。とにかく**相手の土俵に乗らず、土俵そのものの不当さを問題にする**のです。「いい方がむかつくってたとえばどういういい方？」とか「みんなをイヤな気持ちにさせていたなら謝るよ」などと、相手の話の「内容」に反応すると、土俵に乗ることになってしまいます。成り行きで内容に反応してしまったら、あとから「あのときは状況がおかしくて不本意なことをいってしまっただけ。本当はちがう」と訂正しましょう。訂正していいのです。不当な状況に置かれた人が、本来の自分の意とはちがうことをいったりしたりしてしまうのは、いわば暴力の結果であり、悪いのは暴力であってその人ではないのですから。

[状況の定義]

「状況の定義」という言葉があります。アメリカの社会学者、ウィリアム・I.トマスは、「人々が状況を現実であると定義すれば、それはその結果現実になる」と述べました。「客観的な事実」ではなく人びとによって解釈された「主観的な現実」があるのであって、それが人の行動を左右している、ということです。シーン⑨なら、「複数人がひとりに対してその人の『悪いところ』をいう」状況があるわけですが、これを「不当だ」ととらえて「逃げる」「告発する」というアクションを起こせば、「暴力」という現実になります。他方で、「悪いところを教えてあげる大事な行為だ」ととらえれば、複数人で相手の難点をあげつらうことも「せっかく指摘してあげたんだからちゃんと受け止めるべき」とされて、「正当なコミュニケーション」という現実が生み出されます。

　問題は、ある状況に複数人が関与していても、定義する権利や資格があるのは権力を持つ側だということです。シーン⑨なら人数が多いクラスメイトたちの状況定義が通りやすくなります。また、人数が同じでも、たとえば教師と生徒、医師と患者のように立場が対等でなければ、上の立場の人の主張する状況定義が真理だとされやすくなります。フランスの哲学者、M.フーコーは、「権力とは状況の定義権のことである」といいました。「この状況は○○だ」という「鶴の一声」を持つことが、権力があるということなのです。

　だから、社会的に弱い立場に置かれた側にとっては、「状況の定義権」を取り戻すことが重要です。強者の「状況の定義」を受け入れると、弱者はしばしば自分が置かれたしんどい現実を「仕方がないもの」ととらえさせられてしまいます。その状態に抵抗し、自分の身体感覚や感情を大切にしながら新しい「状況の定義」をつくっていくことは、自身が生きやすくなることであると同時に、この社会の権力関係を揺さぶることでもあるといえるでしょう。

第 4 章

人格否定の
言葉

「どうしてあなただけ わがままいうの?」

▶「わがまま」ってどういう意味？

　複数人で一緒に行動するとき、お互いに相手の意向を気にして「どうする？」「どうする？」となかなか決まらないことがありますね。もしかしたら心のなかでは「こうしたいな」「あれはイヤだな」と思っている人もいるかもしれませんが、最初は周りの出方をうかがって、注意深くしまいこんでいます。ひとしきり迷ったあとで、だれかが「じゃあ、こうする？」と提案し、「いいね、いいね！」と周りがいえば、決定。これはひとつの儀式のようなものかもしれません。

　でも、なかにはそんな儀式に従わず、はっきり自分の意見を主張する人がいます。シーン⑩のＥさんは、まさにそういうタイプでしょう。そんなＥさんを、他のメンバーは「わがまま」と非難します。何が起こっているのでしょうか。

　考えてみると、「わがまま」とは不思議な言葉です。もとは「我」という一人称の代名詞と「まま」という名詞を、助詞「が」がつないでいて、「わたしがわたしとしてある状態」を意味します。語源だけを見ると、必ずしも悪い意味には見えません。そこから「自分の思うままにふるまうこと」が「わがまま」とされるようになりました。

　けれどもわたしたちが暮らす社会では、「わがまま」は非難の言葉です。自分の思うままにふるまうと「わがままな人」ということになるので、自分の主張は脇へ置き、周囲の思いをくみ取るふるまいが重視されます。

　ただ、自分を押しころしてばかりいると「周りを気にするあ

まり自己主張ができなくなってしまう」とされ、「もっとわがままになっていい」といわれたりもします。つまりここでは、「自分勝手にふるまう」ことと「自己主張する」ことが、両方とも「わがまま」という言葉で表されているのですね。

▶「自分勝手」か「自己主張」か？

「自分勝手」と「自己主張」。さて、Eさんはどちらでしょう。

重要なのは、Eさんはただ「自分はこうしたい」といっただけで、他のメンバーを強引に引っ張っていったわけではない、ということです。クレープ屋さんはEさんだけでなく他のメンバーにも楽しい可能性のある場ですし、2人も「イヤだといったのに無理に付き合わされた」わけではなく、みずから「一緒に行く」といっています。だから、Eさんの態度は「自己主張」のほうだと考えられます。

にもかかわらず「自分勝手」に思えてしまうのは、他のメンバーが「自己主張することはよくない」という規範を内面化しているからです。そこでは冒頭に述べた儀式のように、「自分には突出した意見はありません、みんなに合わせますよ」という雰囲気をその場の人たちがかもし出し、個々のちがいをあらわにせずに意見を一致させるのが理想とされているように思います。これは、お互いが率直に主張し、差異を理解したうえで、交渉によって合意形成する、というやり方とは逆です。

もちろん、最終的に合意が形成されればどちらであってもかまわない、ともいえます。

　ただ、「『みんなに合わせます』とみんなが思うことによって合意に到達するやり方」は、そのプロセスに参加する人の同質性を前提しています。全員が暗黙のルールに従って儀式に参加するからこそうまくいくのであって、ひとりでも「わたしの意見はこうです！」とはっきりいう人がいると、その人の存在が合意形成プロセスにとって邪魔になると認識されてしまいます。そこに、「Eちゃんはわがまま」という否定的な評価が生じるわけです。これは、Eさんにとっては不当です。

▶ 異質な人と共生するために

　グローバル化する現代社会では、日常的な場面で多様な文化を持つ人に出会う機会が増えており、暗黙のルールを共有しない人と協働していく必要性は高まっています。異質な人を「わがまま」という問題ある性質の持ち主として処理してしまうやり方は、そういう時代にふさわしいとはいえないでしょう。むしろ必要なのは、これまでの合意形成のやり方を見直し、多様性を持つメンバー間でもスムーズに意思決定ができるような開かれた方法を探っていくことだと思います。

　逆にいえば、「だれかが意見をいうのを待ってから自分の意見を決める」という態度を身につけていると、異文化に接触したときに苦労します。日本育ちの人で、海外の留学先で「あなたはどうしたい？」「あなたはどう思う？」と聞かれたときに答えられず、意見のない人だと思われ、どんどん不利な立場に追いやられて悔しい思いをした、と語る人は少なくありません。

わたし自身も、オーストラリアに住んでいたときに家具を買い、「配達はいつにする？」と聞かれ、「いつでも大丈夫」と答えたところ一向に届かず、連絡したらまだ配送会社の倉庫にあった、ということがありました。業者としては「いつでもいいっていってるんだから、待っててもらえばいい」という発想だったのでしょう。主張の重要さを思い知らされた出来事です。

　はっきり意見をいうことを「わがまま」と見なしてしまう同質性の高い文脈そのものを、問い直すことが必要だと思います。

　自己主張する相手を「わがままだ」と非難するのではなく、自分も主張しましょう。

　シーン⑩なら、「次はこの服屋さんに行きたい」というＥさんに対して、「わたしはこの雑貨屋さんに行きたい」とか「町は疲れたから公園で緑を見たい」などと、他のメンバーもいえばいいのです。もしかしたら、「それいいね。さっきはわたしの行きたいところに行ったから、次はあなたが好きな場所にしよう」となるかもしれませんし、互いに「どうしてもこうしたい」とゆずらなければ「別行動にして何時にどこそこに集合」としてもいいはずです。**「ちがい」をイレギュラーな障害物とするのではなく、「ちがい」があることを前提にした合意形成を目指す**のです。そうすることで自分とちがう人と接するハードルも下がり、多様な出会いに開かれていけるのではないでしょうか。

[selfishとassertive]

　日本語の「わがまま」という言葉では「自分勝手」と「自己主張」の意味が混じりあっている、と書きました。他の言語ではそうではありません。

　たとえば英語は、selfishとassertiveを区別します。selfishは「利己的、自分勝手」と訳され、他の人が不利益をこうむったとしても自分さえよければいい、という否定的な意味を持ちます。よく使われるような、「あの人、わがままだね」といわれるときの「わがまま」の意味は、こちらです。

　それに対してassertiveは、はっきり自己主張する態度をさします。これは、職場などでスムーズなコミュニケーションのために「アサーション・トレーニング」（相手を尊重しながら自己主張するための訓練）が行われるように、肯定的なニュアンスのある言葉です。日本の文脈で、引っこみ思案でなかなか自分の意見をいえない人に対して「遠慮しすぎないで、もっとわがままになっていいんだよ！」などというときは、こちらのほうになります。

　これを踏まえれば、「みんなへのお土産にもらったお菓子、ひとり占めして自分だけで食べちゃおう」という人は「セルフィッシュ」であり、「それはみんなにもらったものだから、わたしにも一個ください」という人は「アサーティブ」ということになりますね。この二つは、他者を省みず自己の利益だけを主張するのか、他者の利益も認めたうえで自己のいい分も主張するのかという点で、まったく別物です。でも日本語ではこれが混同され、「強く主張すること」が十把一絡げに「わがまま」とされてしまうところがあります。「わがままはやめて」とだれかにいわれたら、どのような言動が「わがまま」とされているのか、それは「セルフィッシュ」なのか「アサーティブ」なのかを考えて、意味を分節化してみるといいかもしれません。

「そんなこと思うなんて
おかしいよ」

▶「育児専業の母」が「普通」ではなかった前近代

「多様性が大事」といわれるようになりましたが、いまだに「普通の人生」「普通の感覚」という名の幻想が一般の共通理解として押し付けられることは、まれではありません。シーン⑪では「女性であれば子どもを欲しがるのが普通」として、それに当てはまらない言動は「おかしい」とされています。

「それが普通」という決めつけは、非都市部や年配の人たちに多いように思われがちですが、若い人たちのあいだにもけっこうあるような気がします。わたしは大学に勤めていますが、「親に感謝するのは普通でしょ」なんていう学生さんもいます。

でも、いわゆる「普通」は、実際にはずっと昔から続いてきた不変の価値でもなければ、平均的な像でもないことが多いのです。たとえば「女性であれば子どもを欲しがるのが普通」といういい方は、「産む性である女性には母性が備わっている」とする考え方に基づいています。けれども**「母性」は、決して絶対不変のものではなく神話に過ぎないことがわかっています。**

近代より前の時代では、庶民の女性は農業を営んだり家業を手伝ったりして働いていました。子どもを産んでも、育児に専念できるような状況ではありません。では農作業をしているあいだ乳幼児はどうするかというと、一応危なくないようにかごの中に入れられるなどして、基本的には放置です。少し育って6歳くらいになると、できる範囲で家業を手伝わされたり奉公に出されたりして、親元を離れる人も多くいました。学校は？義務教育が敷かれるのは学制が発布される1872年以降です。

それより以前は、みんなが一定年齢になったら必ず行くような学校はありません。一部の商人や農民は「寺子屋」などで学ぶことがありましたが、そうでない場合は地域社会から勝手に生きるすべを学んで育っていきます。貴族や武家など身分のある人びとは、日常の世話は乳母に任せていますから、母親は産むだけです。また、前近代では乳児死亡率が高く、子どもは栄養失調や感染症でよく死にました。過酷（かこく）な環境で一家が生き抜くために、親による子殺しや子捨て、人身売買もめずらしくありませんでした。

　そういう状況では、ぷくぷくしたほっぺたの子どもが「ママー」と駆（か）け寄り母親がぎゅっと抱きしめる、みたいな日常は「普通」ではありません。「適齢期（てきれいき）で結婚して子どもを２〜３人産み、主婦として家事とケアを一手に引き受ける女性」が一般化したのは、日本では戦後になってから。第一次産業から第二次産業に転換していく高度成長期のことです。**「子どもを愛しケアする母」はさまざまな歴史・社会的条件が整わなければ存在できないのであって、母性は女性に備わった自然の本能などではないのです。**かつては「３歳までは母の手で」といういわゆる「３歳児神話」がありましたが、1998年の厚生白書では「合理的な根拠は認められない」と否定されました。

　同様に、「親に感謝するのは普通」といういい方も相対化することができます。「機能不全家族」「毒親」といった言葉があるように、残念なことに、この世のすべての親が我が子を愛するに足る能力や資源を持っているわけではありません。なかには愛し方がわからず暴力をふるってしまう親もいるのです。そう

いう親に「感謝しないこと」はおかしいどころか、子どもが自分で自分の存在を大切にするうえで、たいへんまともなことでしょう。

▶ あたりまえを疑う

2016年、女優の山口智子さんが「子どもを産んで育てるのではない人生を望んだ」「後悔はない」と語り話題になりました。2022年には、O・ドーナトの『母親になって後悔してる』（鹿田昌美訳、新潮社）という、そのものずばり「母親になったことを後悔している」女性たちにインタビューした研究書がベストセラーになりました。実際、現代の日本社会では望む・望まないにかかわらず、子どもを持たない人生を生きる女性は増えています。「子どもが欲しくない／いなくてもいい」という人を「おかしい」としてしまう態度は、単にデリカシーがないばかりでなく、そうした現状に対する知識不足の結果でもあります。

当然のことですが、世の中にはいろんな人がいて、いろんな評価軸があり、「普通の人」がどこかにいるわけではありません。**自分の感覚を「普通」、異なるものを「おかしい」といってしまう背景には、自分がどういう人間でどういう感覚の持ち主なのかをきちんと考えたことがない、という現実がある**のだと思います。

ひるがえって、「わたしは普通ではない」と日常生活のなかで感じさせられる人は、必要に迫られて「自分とは何か」を懸命に考えます。結果として、自己を知り、「あたりまえ」と

される価値を疑い、多様な他者への想像力を持つ——つまり世界を広げていく可能性に、より開かれていくことがあるのです。

抜け出すための考え方

「おかしいよ」「普通じゃないね」といわれたら、「普通って何?」と相手に聞いてみましょう。

かつて、タレントで作家の遙洋子さんがフェミニストの上野千鶴子さんのゼミにもぐって書いた『東大で上野千鶴子にケンカを学ぶ』（2004、ちくま文庫）という本がありました。論争に強い学者に、相手を論破するやり方を学ぶという内容ですが、その最後に出てくるケンカの仕方の10か条に、「〇〇って何?」と相手が無自覚に使っている言葉を問う、というものがあったのを思い出します。これは相手の考えの足りないところをつき、無知を暴いていく方法。きっとウザがられるでしょうが、高い確率で「もういいよ」と相手のほうから話題を変えてくるので、少なくともケンカには勝てます。

ともあれ、**より重要なのは、簡単に他人を「おかしい」と断定する人は、他人を理解しようとしていないばかりでなく、自分自身についてもきちんと考えられていないのだという現実を、相手に突き付けること**です。相手が無自覚に持っている「普通」という想定を揺るがせることができれば、そこから新しいコミュニケーションを展望することができるでしょう。

[近代家族論]

　家族と聞いてわたしたちが思い描くのは、「働いて家計を支えるお父さん、家で家事や育児をするお母さん、愛され保護され教育される子ども」という像でしょう。近代家族論は、こういう家族が「いつの時代にもどんな地域にも普遍的に存在していた」わけではなく、近代という時代に固有のものだったことを、社会史や歴史人口学などの手法で実証的に明らかにしました。近代という時代に現れた家族だから「近代家族」。近代が揺らげば「近代家族」も揺らぐのは当然、ということになります。

　たとえば、E.バダンテールというフランスの哲学者は、『母性という神話』のなかで、18世紀のパリでは多くの子どもが里子に出されるなど産んだ母親のもとでは育てられておらず、「母性愛」は普遍ではないとしました。また、P.アリエスというフランスの歴史学者によれば、中世ヨーロッパには愛情をもって保護されたり教育されたりする「子ども期」は存在せず、6歳くらいになるとその身分に属する大人と同じような生活をする「小さな大人」として認知されていました。

　日本では、社会学者の落合恵美子さんによる『21世紀家族へ [第4版]』(2019、有斐閣選書)が有名です。硬派な歴史人口学の視点から、「日本では、近代家族が庶民にまで行きわたったのは1960年代だった」という衝撃の事実が明らかになります。そんなわずかな歴史しかないものを、「大昔からニンゲンは、男女で愛し合って家族をつくって子どもを守ってきたのよねー」と雑な感覚でとらえてきたとは何事かと、初版を読んだとき20歳だったわたしはぎょう天しました。より現代的な分析では、社会学者の筒井淳也さんによる『結婚と家族のこれから』(2016、光文社新書)がおすすめです。「女性も男性も仕事も家庭も」という共働き家族は理想形に見えますが、多くの限界を抱えていることがよくわかります。

「ノリ悪！」

▶ 仲間で盛り上がるのは楽しい、けれど

　複数の仲間たちで、わーっと盛り上がることってありますよね。はたから見れば「そんなつまんないことの何が楽しいの？」という感じでも、本人たちは、仲間同士にしかわからないおもしろさに身をあずけ、きゃあきゃあ騒いだり、ガハガハ笑ったり、椅子から転げ落ちそうになっている。休み時間の教室ではよくある風景です。いったい何がおもしろいのでしょう。

　話している内容がおもしろい、ということも、もちろんありえます。けれども「箸が転んでもおかしい」などといわれるように、わたしたちはときに、「おもしろいからおもしろい」としかいえないような波に身を任せることがあります。これが「ノリがよい」状態です。これは抜群に楽しい。

　子どものころ、親の友人の大人たちと集団でハイキングに行ったことがあります。あいにく雨が降り始め、舗装されていない道はぐちゃぐちゃ。すると、リーダーだったおじさんが突然踊り始めたのです。つられるように他の大人も踊りだしました。「踊るもバカなら見ているもバカ、どうせやるなら踊らにゃソンソン」、合唱しながら泥のなかを飛び跳ねるヤケクソ踊りです。わたしを含む子どもたちが啞然としている前で、大人たちは不運な天候をとびっきりのお祭りに変えてしまいました。

　そんなふうに、「集団のノリで盛り上がること」自体が悪いのではありません。ただ、気を付けなければならないのは、集団のノリに身を任せるなかで、「これはしてはいけない」という普遍的なルールや、「わたしはこうしたい・これはしたくない」と

いう個々の思考や判断が、おろそかになってしまうことです。

▶ 性は尊厳の問題

　シーン⑫で「手紙ごっこ」をしようと盛り上がる女子たちは、ちょっとしたいたずら、からかいのつもりですね。ところが、その対象にされた側はどうでしょう。特に女の子から手紙などもらったことのない男子生徒だったら？　親や教師にも相談できず、手紙を前に「だれだろう、何だろう、もしかしたら……」と思い悩み、意を決して待ち合わせ場所に行って、待ち受けているのが女子たちのあざけりの笑いだったら。

　小学校高学年から中学、高校ぐらいまでの時期は、第二次性徴が始まり、性的なパートナーシップに関心が芽生える時期です。それまでは親や先生に「いい子ね」といわれたら満足できたけど、だんだん大人のいうことがうさん臭く思えるようになり、秘密を持ち始めます。「大人にはわかってもらえないわたし」をひっそりと育て、それを特別な友達や恋人とのあいだで共有したいという思いがふくらみます。「あの人が好き」とか「告白する・された」といった話題は、そういうなかで重要性を帯びてくるわけです。

　つまりそれは、「自分とは何か」というその人の人格の中核にあるやわらかな部分に関わります。**少し難しい言葉でいえば、「尊厳」の問題なのです。そういう部分をからかいの対象にするのは、人の尊厳を踏みにじる行為になりえます。**女子のひとりが「失礼だよ」というのはそこのところを指しています。

残酷(ざんこく)さを加速させる「集団のノリ」

　でも、逆にいうと、だからこそ、それを直感しているからこそ、思春期の残酷さは、恋愛や性に関わる内容をわざわざ選んでからかいの対象にする、という面もあるのかもしれません。標準とされる女らしさ・男らしさから外れる外見やしぐさや同性愛などがからかいの対象になるほか、「あいつパパ活してるらしいよ」といったうわさが立つこともあります。

　わたしは、子どもたちは必ずしも「相手の気持ちがわからない」から他者を傷つけるのではない、と思っています。ときに人は「相手の気持ちがわかる」から、それがどれほど致命(ちめい)的かを直感的に知っているからこそあえてやる、ということがあるのです。

　その残酷さを可能にするのは、個人の「そんなことはしてはいけない」という倫理(りんり)感を吹き飛ばす「集団のノリ」の力にほかなりません。シーン④の「優しい関係」でも出てきた社会学者の土井隆義さんは、現代的な若者の人間関係の特徴として「感覚の共同体」を挙げています。その人がどういう人間か、何を好み何を目指しどんな考え方をするのか、という内面性ではなく、主に「ノリが一緒」「笑いのツボが同じ」という表面的な感覚でつながっている仲間のことです。

　内容にフォーカスしたコミュニケーションでつながっていれば、意見がちがっても「そうかな？　わたしはちがうふうに思ってるよ」と話が続きます。ところが感覚の共同体では、話の内容よりも「こういうことあるよねー」「あるある！」というやり

とりの形式が問題になるので、同じトーンでやりとりしていなければ関係が続きません。そこでは**「ノリが悪い」といわれることは、「あなたはつまらない人間だ、もう友達じゃない」という人格否定のメッセージになりえます。**

　する側にとっては単なる「悪ノリ」でも、された側にとっては尊厳を踏みにじる排除です。「それ、やっちゃダメなやつじゃん？」と普遍的なルールを喚起（かんき）するか、「わたし、そういうのキライだからやんないよ」とすぱっといってしまえたら一番いいのは確かです。

　でも、人数が多い「集団のノリ」にひとりで抵抗するのは、なかなか荷が重い現実もあります。そのときは、ひっそりと「ノらない」を貫（つらぬ）くだけでもよいでしょう。ノリはそれに加わる人が多くなるほど勢いづきますが、だれもついてこなければ沈静（ちんせい）化します。あえて「ノリを悪くする」だけでも、「悪ノリ」の盛り上がりに水を差し、その勢いをくじくことができます。

　『いじめを生む教室』（2018、PHP新書）の荻上チキさんは、いじめの「傍観者（ぼうかん）」がいじめを止めるためにできることとして、「スイッチャーになる」ことを挙げました。スイッチャーとは「コミュニケーションの流れを転換する人」のこと。「やめなよ」と直接介入（かいにゅう）できなくても、いじめにつながりそうな話題に乗らず、別な方向に話題をそらすことで、いじめを未然に防ぐことができるのです。

[包括的性教育]

読者の皆さんには、性というとエッチなもの、隠さなければならないもの、学校で子どもたちに教えるなんてとんでもない、という思いを持つ人もいるかもしれません。けれども、性は「わたしがわたしである」という根源的な感覚に結びついており、子どもたちが自分も他者も大切にしながら関係をつくっていくうえで、欠くことのできないテーマです。

思春期の子どもたちのあいだで性が「からかい」のネタになってしまうのは、知識不足という面もあるのかもしれません。日本の学校の性教育は、学習指導要領で性行為を取りあつかわないとされていたり、性別を「男女」の二項でとらえていて同性愛やトランスジェンダーなど多様な性を記述しにくかったりと、性をきちんとあつかえておらず、子どもたちが性を「尊厳」の問題として理解するチャンスが乏しい現実があります。

包括的性教育とは、ユネスコの「国際セクシュアリティ教育ガイダンス」に規定された言葉で、日本で想定されるような生殖や性感染症予防のトピックだけでなく、性をめぐる社会規範や性の多様性、性を安全に楽しむ権利など、「認知的、感情的、身体的、社会的側面」から性をとらえる教育を指します。くり返しになりますが、性は「わたしがわたしである」ことに関わっており、性に関わる安心・安全が守られることは人権の問題です。性に関する知識は、自己の尊厳を守り、他者の身体や心を侵害することなく、よりよい関係性を築いていくために重要なのです。

子どもたちに伝えるためにも、まずは大人たちが、性が尊厳の問題であることをきちんと認識し、ジェンダー不平等や多様なセクシュアリティについての正確な現状把握に基づいた言動を行っていく必要を感じます。

「同調圧力」といわれて、若い人にとってリアルなのは「空気読めよ」という無言の圧力でしょう。では「空気」とはいったい何でしょう。

たとえば、友達同士の会話は「他愛のない話」でなくてはならず「次の選挙でどの政党に入れたい？」などと政治の話を振ってはいけないとか、飲み会でなんとなく女性メンバーが料理を取り分けることになっているとか、「明確に決まっているわけではないしだれかに強制されたのでもないけどそうせざるをえない（と感じてみずからやる）」とき、その人は「空気」に従っている、といえます。

「現代の若者は空気を読みすぎる」などといわれることもありますが、「空気」の歴史は古いです。評論家の山本七平さんはロングセラーである『「空気」の研究』（2018、文春文庫）のなかで、第二次世界大戦中の戦艦大和の出撃について、科学的には「無謀」なものであったとしても、「全般の空気よりして」そうせざるをえなかったのだ、と語る軍令部次長の言葉を紹介しています。

脚本・演出家の鴻上尚史さんの明快な定義によれば、「空気」とは「世間が流動化したもの」です（『「空気」と「世間」』2009、講談社現代新書）。近代化が進行し、地域や日本的企業といった共同体が壊れていくなかで、ボスのいうことを聞かなくなった派閥のメンバーや、上司の飲み会を断るようになった新入社員が現れ、「世間」は揺らぎます。

そんなふうに「世間」が機能しなくなったあとで、人びとが探る自分の身の置き所を決める無形のルールが「空気」というわけです。「空気」は不安定で、読み切れるものではありません。「しゃぼん玉ひとつひとつの漂う方向を調べ、予測するようなもの」だと鴻上さんは書きます。

だから、ある場では何の問題もなく過ごしていた人が、別の場では突然「空気の読めない人」になってしまう、ということだって起こりうるのです。

「空気」を読んでうまくいくならそれでいいのかもしれません。でも、もしそれがしんどいのなら、そんな揺らぎやすいものに自分の態度や考えをゆだねるより、他の方法を考えることも必要です。

「空気」は見えないけれども確かにあって人びとをしばる一方で、「確かにある」と感じてそうふるまう人によって生み出され、強化されていくものでもあります。だとすれば、「空気を読まなくてもいいという空気」をつくりだすことだって、きっとできるはずでしょう。

「空気」に完全にしばられないことは難しくても、軌道をずらし、しゃぼん玉をせめて好ましい方向に吹きつける自由を、確保していたいと思います。

第 5 章

集団の
秩序を
利用する
言葉

5

「みんなが 混乱してしまうよ」

▶議論の土台を問い直す意味

　学校のグループワークや職場のプロジェクトなど、複数の人が協働して物事を進めていかなければならないとき、必要なことは何でしょうか。一般的には、まずメンバー間で目的を共有し、それぞれの立場から自由に意見を主張し、合意形成するプロセスが必要だといえます。シーン⑬で「それぞれの意見」を聞こうとしているリーダーは、そのように物事を進めようとしていました。ところが、Ｈさんはそれに水を差し、メンバーの選出基準について問題提起します。他のメンバーは「どうして今そんな話が出てくるの？」とばかりに戸惑い、リーダーは「あなたのせいでみんなが混乱する」とＨさんをとがめています。

　リーダーから見れば「責任者として混乱を収めた」ということになるでしょう。でも、Ｈさんの立場に立って考えを進めてみると、別の風景が見えてきます。

　Ｈさんの行為は、議論を始めるのではなく、議論の土台を問い直すものです。なぜそんなことをするのでしょう。それは、**「その場にいるメンバーが、どんなふうに選ばれただれであるか」ということが、議論の内容そのものに影響を及ぼす可能性があるから**かもしれません。

　たとえば、シーン⑬のプロジェクトのメンバーが、Ｈさんだけ女性であり、あとは全員が男性だったとしたらどうでしょう。「そもそもどうしてこのメンバーなのか」というＨさんの主張は「ジェンダーバランスを考慮してくれ」という意味かもしれないのです。周囲がほとんど男性であるなかに女性がぽつんと

いるときには、「男性並みに男性らしい女性（＝名誉男性）」になるか、「男性とは異なる女性らしい女性（＝女性代表）」になるかのどちらかになりやすく、個人としての意見をストレスなく主張するのが難しくなります。

　また、リーダーの選出方法はその集団が「民主的であるかどうか」という問題につながっています。メンバーの支持を集めた人が選ばれたなら、リーダーはその期待に応えるようみんなの意見に耳を傾けるでしょう。メンバーも、選出した責任によってコミットメントが増えると考えられるので、活発な議論が行われやすく、新たな視点が生まれる可能性も大きくなるでしょう。他方で、一方的にトップダウンで決まった場合にはそうはなりにくいと考えられます。つまり、話し合いが行われる場のあり方は、話し合いの内容に大きく影響してくるのです。

▶「少数派」と「多数派」の関係は非対称

　考えなくてはならないのは、こういうことに敏感になるのがほとんどの場合、日常的にストレスをこうむっている少数派の側だ、ということです。既存の社会環境において、普通に歩いているだけでいろんなところでひっかかりつまずいてしまう人こそが、自分の足元をしげしげと省みるのであって、何もしなくても前に進める人は多くの場合、いちいち立ち止まることはありません。「せっかくみんなで順調に歩き出していたのに、どうしてこんなところで足止めを食らわなければならないのか」と感じる多数派にとっては、少数派の問題提起こそがつまずき

98

の石であり、そこに「あなたのせいでみんなが混乱してしまうよ」という言葉が出てきます。

　でも、こうした多数派の反応は、多様な人びとがそれぞれの立場を等しく尊重される共生社会に逆行するものです。「混乱させる」という表現は、問題提起を軽視する卑劣ないい方です。発言を聞いたうえで退けるのではなく、そもそも「聞く価値」がないといっているのに等しいのですから。そういわれた人は、「こんなことは大したことのない、つまらない問題なんだ」「自分は場に迷惑をかけたのだ」と発言を恥じ、ふたたび提起しようとは思わなくなるでしょう。そもそも足元の石に何度もつまずいて傷だらけの人が、その場の流れを止めてまで「土台を問い直す」提案をするには、大きな心理的負荷がかかります。結果的に、自分をつまずかせている足元の小石は見ないようにして、何事もなかったように前を向き、舗装された道路をスタスタ歩いていく多数派の人たちと、同じ条件でゴールを目指すことを受け入れざるをえなくなってしまうでしょう。

　それは少数派を排除することであり、同時に社会が多様性に開かれていく可能性を閉ざすことでもあります。 はたしてそれでいいのでしょうか?

抜け出すための考え方

「指摘してくれてありがとうございます。とても大事な点ですね」。

あなたが多数派の立場なら、まずはそのようにいってほしいと思います。くり返しになりますが、発言する少数派の側は、場の流れに逆らって主張する負荷を引き受け、エネルギーを取られています。まずはそのことを理解し、感謝の言葉によってねぎらいを表したうえで、きちんと受け止めたことを示すのです。

　先に書いたように、場のあり方をめぐる権力関係は抑圧される側こそが感じるものですから、発言した人がどんな問題があると考えているのかをじっくり聞くことが大切です。**多数派とは、自分の特権に無自覚であることのできる人のこと。違和感を表明してもらったら、自分に思い当たることがなくても、まずは耳をかたむけることが多数派の責任**といえます。

　しばしばある誤解は、少数派であっても「主張する人」は「強い人」だから精神的にタフなのだろう、というものです。そうとはいえません。多くの場合、現状を変えるためには「強く」ならざるをえなかったのであって、「強い主張」の背後に深刻な疲労やストレスが抱えられているのはよくあることです。

　問題は根深く、耳をかたむけても「ではこうしよう」と明確な解決法が見えることはまれかもしれません。でも、そこにある問題を共有し、ともに考え続けていく姿勢を示すことで、少なくとも「主張したことに意味があった」という感覚を相手に残すことはできます。多数派としては、問題提起を真摯に受け止め、自分の足元を省みながら、少数派の生きている現実を思いやる想像力をきたえていきたい、それしかないと、自戒をこめて思います。

【「黄金の3割」理論】

　ハーバード大学の社会学者であるR.Mカンターは、組織のなか
の少数派の割合が3割を超えたときに組織文化に変化が起こる、
という「黄金の3割」理論を提唱しました（『企業のなかの男と女
女性が増えれば職場が変わる』高井葉子訳、1995、生産性出版）。

　カンターが調査をしたのは、1970年代のアメリカの大企業。男
性中心の企業のなかで、わずかながら女性管理職が出現し始めた
時代でした。ところが調査によって見えてきたのは、優秀な女性
を抜擢（ばってき）して管理職にしても、本人はつぶれてしまうし女性全体の
活躍推進には決してならない、ということでした。圧倒的な少数派
である女性管理職は、男性管理職にとっては自分たちと異なる「女
性」の代表であり、女性部下たちにとっては「自分たちとはちがう、
男性並み」の象徴となるため、どちらからも異質な存在と見られて
孤立していたのです。ここには、少数派を無力化させる構造があ
ります。

　ではどうしたらいいのかというと、個人が強くなったりスキル
アップしたりするのではなく、女性の数を増やすことだ、というの
がカンターの主張でした。少数派の数が一定の割合に達すると、既
存の組織文化を前提してそれに一方的に適応させられるのではな
く、多数派が変わり始め、文化そのものが少数派にとっても過ごし
やすいものへと変容していきます。その境目が「黄金の3割」だと
いうわけです。

　3割に達すると、少数派ではあっても「とびっきり優秀なひと握（にぎ）
りの人」ばかりではなく、いろんな人がいることが見えてきます。
そんなふうに、いい意味で「ただの人」でも管理職を目指せる、とい
うことが重要なのです。

「世の中
そういうものでしょ」

▶ 地位を利用したおどし

「世の中そういうものでしょ」は、問題をそれ以上考えられな
くする、思考停止の言葉です。

　これがいつも悪いとはいえません。わたしたちの周りには、さ
まざまな落ちこむことや納得のいかないことがあふれています。
たとえば、「あの子たち、みんなでご飯を食べに行く相談してる
な。わたしもけっこう仲良くしてるはずなのに、誘われない
な」などとがっかりすることがありますね。そんなとき「仕方
がない、世の中はそういうものだ」と思えば、「ごちゃごちゃ考
えるのはやめよう」と気持ちを切り替えられるでしょう。気が
滅入ることが起こってもいちいち立ち止まらず、やり過ごして
前に進んでいくのは、忙しい生活者の現実です。英語でいえば
「That's life（それが人生というもの）」にあたります。

　でも、シーン⑭はそれとはちがいます。大学教員は単位を与
え、進級や卒業を左右する権限を持ちますから、学生にしてみ
れば権力者です。その人が課題を受け取ってくれず、指導もな
いまま一方的に怒鳴るだけだったら、学生は恐怖と不安でいっ
ぱいになってしまうでしょう。もちろん、教員が自分の専門性
に基づいて「合格ラインに達していない」と判断することはあ
りえます。でもその場合は、「どういう評価基準なのか、どこを
どう改善すれば合格ラインに達するのか」を明確にし、具体的
に指導しなくてはなりません。**それがないまま感情をぶつけて
相手を否定するのは、地位を利用したおどしであり指導拒否と
いわれてもしょうがない**でしょう。

この教員が、自分より立場が上の研究者に論文のコメントを求められたらどうするかを想像してみてください。きっと丁寧(ていねい)に読んで、改善点を指摘するとしても「ここをこうすればもっと素晴らしくなる」などと相手を尊重しながら伝えるんだろうな、と感じられるなら、それは学生を見下している可能性が高いです。

▶「世の中をわかっていない」と思わせるずるさ

　そんな教員の授業を、シーン⑭の学生２人は同じように履修(りしゅう)しています。が、一方が「アカデミック・ハラスメントじゃないかな」と相手の行為の不当さに目を向けているのに対し、他方は「世の中そういうもの」と流そうとしています。このいい方の問題のひとつは、**立ち止まって考えなければならない局面で思考停止してしまうこと**です。「イヤなことはあるけど、それ以上考えたって仕方がない。運が悪かったと思ってあきらめるか、うまく立ち回ってすり抜けるしかない」というわけです。これは、個々の生存戦略としてはコストの安いやり方かもしれませんが、**結果としてハラスメントを「加害者やそれを生み出す構造の問題」とするのではなく、「自己責任で何とかするもの」と位置付けてしまいます。**

　加えてこのいい方は、「あなたはまだ世の中のことをわかっていないのだ」と、あたかも自分のほうが物事を知っていて、無知な相手に教えてあげるかのような構図になっています。特にここでは、「正論についてはあなたも知っているかもしれないけ

れど、実際には世の中はそんなふうに回っていないのだ」という世間的な知にフォーカスされています。そして、「教員と学生は人として対等であるべき」というポリティカル・コレクトネス（政治的正しさ）に基づく発言をする人を「青臭い（＝子どもっぽい）人」として退け、**人権に関する知識を「言葉は立派でも実際には使えないもの」におとしめてしまいます。**

　このようにいわれた人は、「自分は世の中をわかっていないのかな。よくあることならがまんするしかないな」と感じ、ハラスメントを告発しようとは思わなくなるでしょう。そうしたら、ハラスメント加害やそれを生み出す構造は変化せずに済みます。「世の中そういうものでしょ」という人は、その言動によって「そういう世の中」の強化に手を貸します。これがだれにとって都合がよいかといえば、権力者にとって都合がよいことは明らかでしょう。世間的な知を隠れ蓑にした思考停止によって問題を個人化し、加害者やそれを生み出す社会の不当さを見えなくすること。この言葉のずるさはそこにあります。

抜け出すための考え方

「世の中そういうものでしょ」は、「これまではそうだった」という過去の話です。未来もそうであるかどうかは、現在のわたしたちのあり方にかかっています。今現在「世の中そういうものでしょ」といって問題を「スルー」することは、未来に向けて社会を変化させる芽を摘んでいるのと同じ。逆にいえば、「こ

んなことが続いていくのはおかしい」と声を上げることで、く
り返されてきたものは軌道をずらし、未来に続く道は変えるこ
とができます。その変化はほんのわずかに見えるかもしれない
けれど、さまざまな場で同時多発的に起こることで、大きな変
化になっていきます。

　たったの30～40年前まで、会社のなかで女性だけにお茶
くみ当番があるのはあたりまえだったし、満員電車などの痴漢
はよくあることとされていました。多くの女性たちが、これを
「世の中そういうものでしょ」と受け入れさせられる現実があり
ました。

　けれども、そのなかで少数の人たちが「これは不当だ」と声
を上げ、少しずつ職場の文化を変えたり、「痴漢は性暴力であり
犯罪だ」という認識を広めたりしてきたのです。

　過去にとらわれて足を引っ張る人からは距離を取り、変化す
る未来を見すえて連帯できる人を探して行動する。そんなふう
に自分の足元の現実を変えることができたら、それは「世の中」
を変える第一歩になるのではないでしょうか。

　ただし、行動するのは個人に負担がかかり、しんどくなるこ
とがあるので、無理をしないで休みながら、孤立せずに仲間と
一緒にやっていくことがポイントになります。

［アカデミック・ハラスメント］

　2001年に設立されたNPO法人「アカデミック・ハラスメントをなくすネットワーク」では、「研究教育に関わる優位な力関係のもとで行われる理不尽な行為」と定義されました。ハラスメントは「迷惑行為・嫌がらせ」と訳され、日本語だと軽い語感がありますが、身体的・精神的に人を傷つける人権侵害です。性的に侵害すれば「セクシャル・ハラスメント（セクハラ）」、社会的な力関係を利用して侵害するのが「パワー・ハラスメント（パワハラ）」だとすれば、これらがアカデミックな場で行われるものが「アカデミック・ハラスメント（アカハラ）」です。

　具体的には、大学の教員が学生や大学院生、立場が下の教員に向かって人格を否定するような暴言を吐く、必要な研究環境を与えない、適切な指導をしない、アイデアや成果を盗用する、などがあります。その結果、被害者は追い詰められて健康を害したり、研究室や大学にいられずキャリアを閉ざされたりすることがあります。研究教育機関には固有のハラスメントの発生しやすさと解決しにくさがあります。研究室を取り仕切る教授に権力が集中すること、大学の自治という不干渉の伝統があること、研究領域の細分化により指導教員を変えるのが難しいこと、そもそも権力を持つ男性が中心の社会であること、などが原因として挙げられます。

　相談センターをつくって啓発研修を進めている大学も多いものの、まだ十分とはいえません。相談しても解決までに長い時間がかかったり、相談した人が周囲から非難されたりということはよく起こります。まずは権力を持つ側が問題を認識して加害を生まないこと、そして被害が出たら速やかに具体的に対応し、被害者を孤立させないことが大切です。中長期的には、「おかしいな」と思ったらすぐに「ハラスメントじゃないかな？」とみんなで考えていける人権意識の高い組織文化づくりが課題でしょう。

「合わせる顔がない」

▶コミュニケーションを途絶させる言葉

「合わせる顔がない」は、「体面が保てなくて不都合だから会いに行けない」ということです。結婚式や法事など親戚の集まりでは、「○○さんのとこの△△ちゃん、今何してるの？」という子どものキャリアをめぐる世間話が行われがちです。親の立場からすると、そういうときに「あの子、就職が決まったんです」「実は来年結婚することになって」などと報告できれば、申し分なくその場をやり過ごせるわけです。ところが「この10年ばかりアルバイトをしながら売れない舞台俳優をやっています」とか、「新卒で入った会社をうつ病で辞めて、今はゆっくり休みながら次のステップを考えているところで」ということになると、「そんなこと恥ずかしくってとてもじゃないけどいえない」となってしまうわけですね。

　シーン⑮に登場する親も、そんなふうに体面を気にして、「いい年してふらふらしている」我が子を責めています。本人の立場に立ってみると、「合わせる顔がない」といういい方には、独特のきつさがあります。そのきつさは、**表面上は子どもに向かって話しかけているように見えて、実は個人としての親の主張は一切なく、「周囲の目からどう見えるか」にフォーカスされている**、という点に関わっています。

　個人としての主張がなされれば、たとえ意見が対立しても、話し合いを重ねてすり合わせることができます。たとえば、親が「うちは年金暮らしだから経済的に余裕がない、これ以上あなたを養っていくと破綻してしまう」という事情を語れば、本人

109

の側も「自分の分の生活費として一定の金額を家に入れる」とか、それが難しければ「利用できる福祉制度を探そう」というかたちで、具体的な解決策を考えることができます。「掃除・洗濯・料理を全部母親であるわたしが負担しているのが納得できない」ということなら、「同居する者として家事を分担する」という提案をしたり、「感謝しているし申し訳なく思っている。でも今は精神的にも身体的にもきつくて難しい状態だ」と説明したりできます。

　ところが、「いい年」をした我が子が「定職」に就かず「結婚」もせず「ふらふら」していては面子が立たない、という話はどうでしょうか。そこでは、親が「自分の問題」として何かを訴えているのではなく、背後にある何かよくわからないものに照らして「顔向けできない」というあいまいな主張がなされています。これを解決する、つまり「顔向けできる」ようにするには、子どもが「新卒で就職し、適齢期で結婚する」という人生を送っていなければならないことになります。でも、さまざまな事情が重なって現状があるわけですから、そんなことはいまさら不可能です。となると、本人の側は「うるせー」と逆ギレするか、何もいえず沈黙するしかなくなってしまいます。つまり、**コミュニケーションができなくなる**のです。

▶ **世間というなぞ**

「背後にある何かよくわからないもの」と書きました。これはしばしば「世間」と呼ばれています。「世間様に申し訳ない」と

か「世間並みの暮らしぶり」とかいうときの「世間」です。

　歴史学者の阿部謹也さんは、西洋では絶対的な「神」との関係において「個人」が存在し、「個人」が集まって「社会」ができるのに対して、日本では「世間」との関係において自己ができる、といいました。「社会」は「個人」のちからを結集すれば変えられる可能性がありますが、「世間」は変えられません。「そのなかでどうふるまうか」を考えるしかないものとして、人びとの思考や言動をしばります。西洋的な個人は「神」との関係において「正しさ」が規定されますが、日本では「世間」がそれを根拠づける、というのです。

　また、社会心理学者の井上忠司さんによれば、世間とは「ミウチとタニンの中間帯」にあるわたしたちの行動のよりどころです。「ミウチのあいだでは、『ミウチの恥にふた』をすることができ、タニンの前では『旅の恥はかきすて』でもよいのであって、ともに『世間体』をつくろう必要はない」（『「世間体」の構造』2007、講談社学術文庫）。その中間にいる人、たとえばあいさつだけする近所の人とか、元クラスメイト、何年も会っていない同い年のいとこ、といった存在が「世間的にまっとうでないと会いづらい」と感じさせる人たちです。シーン⑮の「田舎の親戚」もこの部類です。

　「世間」というと少し古めかしい感じがするかもしれませんが、若い人も「世間的に名の知れた学校」などといったりしますよね。そこでは「自分がその学校を高く評価している」という主体的な意識は後ろに引っこんでしまって、「なんとなくみんながそう思っていそうだから」という、周囲の思惑（おもわく）の当て推量に基

づいて自分の位置取りを決めていくような、ふわっとした意識が前面にせり出しています。「合わせる顔がない」はこの感覚の延長にあるものだといえます。

「田舎の親戚なんてどうでもいいよ。それより、お母さん（お父さん）はどう思ってるの？」

シーン⑮の子どもの側なら、こう返すのが一案です。**あいまいでふわっとした対象を脇に置いて、具体的な目の前の関係性に焦点を当てる**のです。相手がドキリとした様子を見せて本音を話してくれるなら、そこで初めてコミュニケーションをスタートさせればいい。「どうでもよくない！　おまえはいつもわたしに恥をかかせて……」と続くようなら、残念ですが、自分を守るために距離を取ったほうがよいでしょう。

避けたいのは、相手の論調に引きこまれて「自分は世間に顔向けできない恥ずかしい存在なのだ」と自己評価を下げてしまったり、がんばって耐えたあげくためこんだエネルギーを一挙に放出して、暴言・暴力に訴えてしまったりすることです。

親の側なら、「普通はこうなのに」「あなたはいつもなっていない」など「世間」の代弁者となるのではなく、「わたしはこう思うよ」と、できるだけ「わたし」を主語にして話す「アイ・メッセージ」の話法を心がけることで、会話が成立しやすくなるでしょう。

[学校から仕事への移行]

　シーン⑮における親子のディスコミュニケーションの背景には、親の世代になじみのある「学校後に新卒で就職したり、親の自営業を継いだりして自立する」「適齢期で結婚する」という人生が、現在では必ずしも一般的ではなくなっているということがあります。

　子どもは大人になる過程で、何らかのかたちで「学校の世界」から「仕事の世界」へと参入していきます。これを「学校から仕事への移行」と呼びます。

　現代のようにグローバル化とポスト工業化が進むと、「学校から仕事への移行」のあり方は、国内の工業が中心だったころとは根本的に変わります。企業は国内の工場労働者を大量に正規雇用するのではなく、一部の中核労働者を確保しつつ、周辺労働力は非正規労働でまかなうようになるので、雇用が流動化して格差が開くのです。結果として、「学校を卒業して、フルタイムで就労して、結婚して家庭生活を送る」という、矢印が一方向に向いた「線形的な移行」ではなく、「学校を卒業して働いて、そのあとスキルアップのために学校に戻って資格を取って、また仕事に就く」とか、「結婚してから育児をしつつパートタイムで社会人学生をやって、学位を取って仕事に復帰」という具合に、矢印がぐにゃぐにゃと何度も折り返す「非線形的な移行」が増えていきます。結婚の「適齢期」も消滅します。1970年代には20代後半の女性の未婚率は20％前後でしたが、2020年代の今日では60％を超えています。

　もう「いい年」になったら「ちゃんと就職」して結婚するのがあたりまえ、という時代ではないのです。これは個人のせいではなく、社会経済的な変化の結果です。こう踏まえておくだけで、どれほどの親子のすれちがいが減るだろうか……と思ってしまいます。

Hさん、あなたのせいで
話が先に進まないし
**みんなが混乱
してしまうよ**

第6章

裏切りと
思わせる
言葉

6

「よくあんな恰好
できるね」

▶「自分らしく、でも浮かないように」？

　服装に関する同調圧力は、さまざまな場面で見られます。オフィスでの仕事服や「女子会」での服、学校の休日に友達と遊びに行くときの服……それらを選ぶとき、わたしたちは「自分らしく個性的」でありながら「周りから浮かないみんなと同じような」服を求めて試行錯誤します。「自分らしく」て「みんなと同じ」というのはほとんど語義矛盾のようですが、ある意味では、一定の法則に基づきつつほんの少しの差を付けることで「流行（モード）」を生み出していくファッションという領域の特性でもあるでしょう。でも、「よくあんな恰好できるね」といわれないように「今日の服は大丈夫かな？」と鏡の前であれこれ考えこんでしまうとき、わたしたちはそれを超えたプレッシャーを感じているのも確かでしょう。

　「よくあんな恰好できるね」には、「本来してはならないのに」という否定的なメッセージが含まれています。もちろん「お葬式に金ぴかのアクセサリーを着けてくる」など TPO（時と場所と場面のふさわしさ）を踏まえていなかったり、服がよごれているなどあまりにも身なりにかまわなかったりする場合であれば理解できます。でも、そういうわけではないなら、**何を着るかは基本的にその人の自由であり、周りがとやかくいう問題ではありません。**

　にもかかわらず、モード系の奇抜な服を日常的な場面で着ていると、それが本人を引き立てるものだったとしても、「あんな恰好」といわれてしまうことがあります。発達障害を持つモデ

ルで俳優の栗原類さんは、小学校時代に個性的な服装をからかわれた経験を著書『発達障害の僕が 輝ける場所を みつけられた理由』（2016、KADOKAWA）で語っています。本人の個性を引き立てる装いでも、「他とちがう」ことで排除の対象になる。そこにあるのは、「あなたはわたしたちと同じ平凡（へいぼん）な人間なのに特別ぶるのは許さない」という、**「出る杭（くい）」を打とうとする周囲からの牽制（けんせい）**です。

▶ 服装を通じた人格管理

　こういう感覚がまん延する背後には、日本社会のさまざまな場面で「服装を通じた人格管理」が行われている現実があるように思います。たとえば日本の学校は、「ブラック校則」ともいえる頭髪（とうはつ）の黒染め指導や下着の色指定などで、子どもたちの服装を管理するのが大好きです。「服装の乱れは心の乱れ」という言葉があるように、服装を通じて実際に介入されているのは個々の内面です。スカート丈の数センチに目を光らせるような校則のもとで取り締まられていると、生徒たちは次第に管理のまなざしを取りこみ、「あの子の恰好はルール違反」などと互いにそれを向けるようになります。「よくあんな恰好できるね」は、そうした服装の細かい差異に対する敏感さを土壌（どじょう）に発せられている面があります。

　わたしが教員をしている大学では、入学式の学生たちの服装は、就職活動でも着回せる黒のリクルートスーツです。それもシャツの形状やパンツの幅（はば）、スカート丈といったデザインの細

部までだいたい同じ。大学生活は就活のための手段、そんなメッセージが視覚的に伝わってきて切なくなります。ですが教員以上に、切ないのは学生たちでしょう。自己分析や自己PRを通じてどんなに「個性」をアピールしても、黒髪にしてリクルートスーツに身を包むという「集団の秩序に対する従順さ」を示せなければ、それらを聞かれることすらないのですから。

　以前、ある学生に、「就活の怪談」のような話を聞いたことがあります。日本的企業のなかでも特に堅いとされている大手銀行の説明会に行った学生が、「担当者が"今日は暑いから上着を脱いでいいですよ"といったので真に受けて脱いだら、"今脱いだ人、会場から出て行ってください"といわれた」というのです。この話が事実かどうかよりも、服装を通じて「徹底して規律を守る」という精神が要求されている点に、若者がある種のリアリティを感じているということ自体が重要だと思います。この話を語り継ぐ人は、「自分は何があっても上着を脱ぐまい」と決意するのでしょうか。

　また、こうした服装への偏執的なこだわりは、集団が同質であることを前提しているのもポイントです。「黒髪・リクルートスーツ」のような装いの画一性は、さまざまな文化や民族性を持つ人や、男性・女性の二元性に還元されないセクシャルマイノリティの人が学校や職場に存在することが前提になれば、保ちようがなくなります。グローバル化が進み、異文化の人との接触機会が増え、人間の多様性への理解促進が課題となる現代においては、時代に逆行するものでしかありません。

「よくあんな恰好できるね」は、管理される側が管理者の代理

人となり、同じ集団の構成員に対して管理のまなざしを向けるときに発せられます。その結果は、ますます自由が制限され、画一性を高めることになるのですから、いう側にも利益はなく、自分で自分をしばる行為です。

　この言葉にからめとられて思考停止せず、「本当にその服装は合理的なの？」「好きでしている恰好なの？」と問う姿勢を失いたくないな、と思います。服装の自由を超え、精神の自由を保ち、多様性へ開かれるためにも。

抜け出すための考え方

　服を着るという営みは、自分がどんな人間か、どんなふうになりたいかの表現であり、非言語的な自己主張という側面を持ちます。自分が心地よく感じる好きな服を着ることは、権利です。まずはそこをおさえましょう。

　そのうえで、服装に関する同調圧力が存在する日本社会の現状を、どうサバイブするかを考えるのです。たとえば就職活動では、排除されないために戦略的にリクルートスーツを着るとしても、やり過ごすためにそうするのであって自由を明けわたすのではない、と心に決めておくのもひとつのやり方です。

　条件が整えば、同調圧力の存在を可視化させ、暗黙のルールを変えていくよう働きかけることが重要になります。

もっと知りたい関連用語 🖉

［ブラック校則］

「ブラック校則をなくそう！」プロジェクトによれば、「一般社会から見れば明らかにおかしい校則や生徒心得、学校独自ルールなどの総称」と定義されています。具体的には、地毛を黒染めさせたり地毛証明を提出させたりするなどその人のアイデンティティを否定するものや、水飲み禁止・日焼け止め禁止など健康を害するもの、下着の色やスカート丈を指定しそれをチェックするなどハラスメントにつながりうるものなどを含みます。ブラック校則は決して「過去の遺物」ではなく、むしろ近年では、生徒管理や私立学校の特色を打ち出すツールとして強まっている側面さえあります（『ブラック校則』荻上チキ・内田良、2018、東洋館出版社）。

　2021年には、大阪府立高校の元生徒が「茶色い地毛の黒染めを強要され不登校になった」として大阪府に賠償を求める訴訟を起こしました。裁判では学校側の一部の行為が違法と認められたものの、頭髪を管理する校則や黒染め指導には「合理性」が認められました。持って生まれた髪の色を、校則だからという理由で染めさせられるのは、人権侵害以外の何ものでもないでしょう。もっと実際的な次元で考えても、染髪をくり返せば髪の健康が損なわれますし、美容院に行く経済的な負担もばかになりません。「ブラック校則をなくそう！」プロジェクトが実施した調査によれば、「地毛が茶色」である人は日本でも全体の9％ほどいることがわかっています。にもかかわらず、「茶髪禁止」の校則は現在も「合理的」とされ続けているのです。

　黒染め強要を「不当だ」として声を上げるという行動は、個人ではなく社会を変えようとするものでした。こうした訴えに耳をかたむけ、子どもの権利という観点から、「服装による人格管理」を問い直していく必要を感じます。

「ひとりだけずるいよ」

▶ 不幸の平等を求める「ずるい」という言葉

　シーン⑰のように、学校に行かない子に対して行っている子が「ずるい」と責めたくなるのは、よくあることです。この場合、「ずるい」という言葉を向けられた生徒が、「あなたも行かなければいいじゃん」といい返したら、この話は終わります。むしろ問うべきなのは、学校に行っている生徒の背景です。そもそもなぜ「ずるいよ」という言葉が出てくるのでしょうか。

　「みんなイヤだけどがまんしているのに、ひとりだけがまんしないのはずるい」というのは、いわば**「不幸の平等」**を求める発想です。「わたしは不幸→みんなも不幸であるべき→抜け駆けは許さない」というわけです。これは、**置かれた状況がしんどいにもかかわらず、主観的に逃げ場がないように思わされている人が抱きがちな考え**です。

　たとえば、パワハラコーチが罵声（ばせい）を浴びせる暴力的な部活などでは、つらくても「辞める」といい出せない場合があります。「逃げるのは脱落者（だつらく）」と決めつけられたり、ひとりが辞めたら残った部員が激しく叱責（しっせき）されることが実体験からわかっていたりするからです。そういう環境でだれかが辞めたら、残った部員には「ずるい」という感覚を抱く人も出てくるでしょう。

　学校であればなおさら、辞めることが想定しづらくなります。少なくとも日本国籍を持つ人にとっての日本の小中学校は、子どもの気持ちに関係なく、行くことがあらかじめ決められています。学校は「行くのがあたりまえ」であって、「行かない」という選択肢（せんたくし）はなく、逃げられない場になっているのが実際のと

ころでしょう。

　それでも、もしも学校が、行くだけでウキウキする、「明日は学校、楽しみ過ぎて眠れない！」というディズニーランドのような場所だったら、行かない人がいても「もったいない、来ればいいのに」と思うだけで、特に「ずるい」という気持ちにはならないはずです。

　ところが、現実はそうではありません。2022年度の不登校の小中学生は24万人超と過去最多でしたが、学校に通っている子どもでも、「学校はイヤだな」という気持ちを抱えている人は少なくないのです。2019年のNHKの調査では、中学生の23.6％が「隠れ不登校」（保健室登校や一部授業のみに部分／教室外登校と、「ほぼ毎日、学校に行きたくないと思っている」という仮面登校を合わせたもの）とされました。多くの子どもが行きたくないと思いながらも休まないのは、「学校に行くのはあたりまえ」だからです。そうして狭い世界の「あたりまえ」にあえて自分をはめこむことで、気持ちにふたをし、何とか学校に行くことができているという側面があります。

　「ひとりだけずるい」という発想が出てくるのは、学校に行かない人の存在が、「学校に行くのはあたりまえ」という前提でがんばっている人たちの忍耐を侮辱するためです。そう考えると**この言葉は、不登校になった人を責めているように見えて、「わたしのあたりまえを壊さないで」という自己防衛の訴え**のようにも聞こえます。

　▶「学校に行く理由」を説明できない大人たち

　ここで重要なのは、**学校に行かない人と行っている人は、実は対立しているわけではなく、同じように「学校に行きたくない」という思いを抱えている**ということです。それなのに対立しているように見えてしまうのは、「何のために学校があるのか、どうして学校に行かなければならないのか」という潜在的に抱えている問いに、心の底から納得のいく答えをもらえないまま、あるいは正面から問うこと自体を封じられた状態で、「とにかく学校に行く」ことが前提されているために、「学校に行かない人」と「がまんして学校に行っている人」という表層的な面にフォーカスされてしまうからです。

　もしかしたら、**本当に「ずるい」のは、「何のために学校があるのか、どうして学校に行かなければならないのか」という根っこの部分にある子どもの問いに、真剣に答えようとしていない大人の社会**なのかもしれません。

　現代では、学校教育の意義は揺らいでいます。情報技術の発達により、知識は教師や教科書から学ばなくても、インターネットを通じていくらでもアクセスできるようになりました。雇用は不安定化し、学校を卒業しても安定した仕事に就けるとは限らなくなりました。にもかかわらず、子どもたちは相変わらず30〜40人もの大規模学級で、自由度の低いカリキュラムを一律に学んでいる現状があります。自戒をこめていいますが、いったい学校は何のためにあるのかを根本から考えることは、次の世代に対する大人たちの責任であるはずなのです。

　もしあなたが学校に行かない立場で「ひとりだけずるいよ」といわれたら、気にせずその場を去ればいいと思います。他の人たちがみずからを閉じこめる「学校に行かないなんてありえない」という狭い世界を、自分は抜け出したということですから。

　逆の立場で、「わたしはがまんしているのに、ずるい」と思ってしまったら、そもそもどうしてそう思ってしまうのかを、考えてみてほしいのです。仮に「ずるい」と感じている相手の子が、「みんな」と同じようにがまんして学校に通ったところで、行きたくない気持ちを抱えたまま学校に行く自分の状態はまったく変わりません。「ずるい」というのは、「うらやましい」ということではないでしょうか。だとしたら、自分の今の状態をよりよい方向に変える方法を、信頼できる周囲の人に相談しながら、本気で考えてみませんか。

　今通っている学校だけが、世界のすべてではありません。世の中には、いろんな学び育ちの場があります。オルタナティブスクールやフリースクールなど既存の学校とはちがう枠組みで運営されている場もありますし、学習指導要領が柔軟に適用される不登校特例校などもあります。進路だって、通信制や単位制の高校など、多様な選択肢があります。

「狭い世界」から一歩出てみると、人生の可能性が開けるかもしれません。それはきっと、「学校に行っている人」と「行っていない人」の表面的な対立を超えて、土台にある構造を見通す視点の獲得にもつながってくることでしょう。

[義務教育]

　ときどき「義務教育だから、子どもは学校に通う義務がある」と思っている人がいますが、まちがいです。義務を負うのは保護者であって、子どもにとっては教育を受けることは権利です。

　社会全体が貧しい時代には、貧困や親の教育意識の低さから、学校に通わせてもらえない子どもが多くいました。「家にいて年下のきょうだいのめんどうを見なさい」とか、「靴もノートもないんだから学校になんてとても行かせられない」ということがよくあったのです。義務教育には、そうしたことがないように、子どもに教育を受ける権利を平等に保障する、という発想があります。

　これを不登校にひきつければ、何らかの事情で学校に行かなく・行けなくなっている子どもに対しても、きちんと学ぶ機会を提供する義務が大人の側にあるのだといえます。「不登校の子どもは義務教育違反だ」というのはまったくまちがいで、自分にふさわしい学び方で学ぶことは権利なのです。2016年には教育機会確保法（通称）ができて、不登校状態にある子どもが、休養しつつも学習が必要になったときには、学校以外の場でも学べるように、国や地方公共団体が支援する必要があるとされました。この法律にはさまざまな問題も指摘されていますが、できたものを不登校の子どもの人権を守る根拠として活用する道はあってよいでしょう。

　また同時に、外国籍の子どもたちに、日本の学校やそれぞれのルーツを大切にする民族学校で学ぶ権利を、しっかり保障していくことも課題です。外国籍の子どもたちは「国民」ではないため、義務教育の対象となっておらず、就学率や長期欠席率など基本的なデータさえないのが現状です。

　学校からの自由と、学校への自由。その両方ともを、「子どもの教育を受ける権利」という観点から保障していくことが、日本の義務教育には求められています。

「調子に乗ってない?」

▶「謙虚さを忘れるな」というおどし

　サッカーの試合でゴールを決めたJさん。「アシストがよかっただけ」と謙虚にふるまっているときには、周囲はほめてくれます。けれども、「すごい人」として周りにアドバイスをしたとたん、「調子に乗るなよ」と非難されます。何が起こっているのでしょうか。

　そもそも「調子に乗る」は、「おだてられたのを真に受けて軽率にふるまう」のように否定的に使われることが多い一方で、「仕事が調子に乗る」など「弾みがついて軌道に乗る」という肯定的な意味もあります。どちらも調子という自分の外側にある波のようなものに後押しされているわけですが、奇妙なことに、仕事や勉強のような「行為の成果」が主語になるときはよい意味になり、「行為する個人」が主語になると悪い意味になります。

　ここには、成果を個人のものにすることを避けようとする、集団主義的な同調性が現れているように思います。「仕事が調子に乗る」のように「この成果はたまたま来た波のおかげである」と語るときに肯定的な意味となり、あたかも「これはわたし個人の成果だ」とばかりにふるまう人への牽制として使うときには、「あの人は調子に乗っている」という否定的な意味となるのは、そのためではないでしょうか。

　「わたしたちは大差ない」という同質性を前提に人間関係がつくられる社会では、「人間の能力や魅力には差がある」という現実は、社会の前提を揺るがすノイズです。だからそういう現実が生じたら、コミュニケーション上の暗黙のルールによってう

まく覆いかくさなければなりません。そこに、「すごいね」とほめられたら「そんなことないよ」と謙遜する、という「お約束」が生じます。そうすることで、「すごく」見えるあの人もわたしたちと同じ暗黙のルールを共有しているのだから仲間だ、と個人を集団のなかに回収し、ほころびを修繕していると考えられます。

逆にいうと、「すごいね」とほめられたときに「そうだ、わたしはすごい」と受け取る人は、個人と集団のあいだの亀裂を深めます。Jさんのように自分の能力をある程度周囲から認められた人が、その能力をみずから自覚してふるまうことは、周囲に「わたしたちとはちがう」という印象を決定づけることになります。

そこで出てくるのが、「調子に乗っている」という非難なのです。「ちょっとチヤホヤされたからってつけあがるな」と、集団がいっせいに足を引っ張り始めます。そこには「おまえが優れているように見えるのはわたしたちがそういう『波』をつくりだしているからに過ぎない。謙虚さを忘れたら『波』を引かせてしまうことだってできるんだぞ。裏切るなよ」という**おどしのメッセージ**を読み取ることができます。

▶「身の程をわきまえろ」という押さえつけも

また、「○○のくせに調子に乗っている」といういい方もあります。これは、たとえば「太っているくせにおしゃれするなんて」「新入社員のくせに先輩に意見するなんて」という具合に、

周囲が思っているその人の立場と本人の自己意識や態度のあいだにずれが生じた場合に、集団の中での立場にふさわしい態度に改めるようにせまる非難です。

「太っている人間はファッションで自己主張してはいけない」「年齢や職位が上の人間には従うべき」といった暗黙のルールを守らず、自分らしさを表現したり主張したりする人に対して、「身の程をわきまえろ」といって押さえつけていくわけですね。

　似た人が集まる変化の少ない社会ならば、こういうやり方で集団の秩序を回復させるのも、ひとつのやり方ではあったのかもしれません。けれども現代では、流動性や不確実性が増しており、異質な人が集まる変化の大きい社会になっています。**個々の多様性を尊重し「ちがうこと」をプラスの力に変える集団のほうが、時代にふさわしいのは明らか**です。

　第一、突出した人の足を引っ張るなんて情けないし、**自由に生きようとすると首輪がついているかのように定位置に引き戻される社会は、息苦しくないでしょうか**。「すごいね」とほめられたら、「うん、たくさん練習したんだ」と自信をもってうなずける。「こうすれば君もパスがもらえるよ」とアドバイスをもらったら、「そうか、わたしもがんばろう」と返せる。そんなやりとりのほうが、ずっとすっきりするはずです。

抜け出すための考え方

「別に調子に乗っているわけじゃない。思ったままをいっただ

け（／やりたいことをやっただけ）。その何が悪いの？」

　そういって立ち去るのが一番だと思います。学校でも職場でもスポーツクラブでも、集団はその内側にいると、圧倒的なちからで個人を規定してくる出口のないものに見えますが、ほとんどの場合、その気になって探せば、いろんな価値や雰囲気を持つ代わりの集団を見つけることができます。だから**今の場所にこだわる必要はないし、それは逃げではありません。**

　避けたいのは、抑圧的な場に居続けることで、謙虚でなければ認められない不自由さに慣れ、今度は自分が突出しただれかに対して「調子に乗るな」と足を引っ張る側になってしまうことです。

　といっても、さまざまな事情から場を移ることが難しくなっている場合もあるでしょう。そんなときは「突出した人の足を引っ張らない。引っ張る人に同調しない」という態度を、ひとつひとつ積み上げていくことが、やはり大切だと思います。シーン⑱なら、「別にJは調子に乗ってなんかないだろ。こっちも練習しようよ」といっていくのです。

　何かというと「調子に乗るな」と牽制される集団でも、実際は、暗黙のルールに従い続ける不自由さに疲れている人が、少なくないかもしれません。そういう人たちが同調しない態度を示していくことで、暗黙のルールはなし崩しになります。「社会を変える」とは結局、その積み重ねなのかもしれません。

[まんが『ブルーロック』]

『ブルーロック』というサッカーまんがをご存じですか。高校生サッカー選手300人が「ブルーロック（青い監獄）」と呼ばれる施設に集められ、たったひとりの「世界一のストライカー」を目指して勝ち抜き戦をくり広げる、という話です。

その背景には、集団主義的な同調性を徹底して拒否する論理があります。ワールドカップ優勝を目指してブルーロックを創ったなぞのコーチは、「日本サッカーに足りないのはエゴだ」と指摘し、「点を取った人間が一番偉いんだよ」「世界一のエゴイストでなければ世界一のストライカーにはなれない」といい切ります（その名も「絵心甚八」）。主人公の潔世一は「こいつの言っていることはきっと間違っている」と思いながらも、「こんなの誰も教えてくれなかった」と武者震いして戦いに挑んでいくのです。

おもしろいのは、「世界で戦う」ために脱するべきだとされるのが、「11人で力を合わせて戦う」「絆を大事に」という集団主義的な価値だということです。護送船団方式を終わらせ、弱肉強食のグローバルな競争で生き残る強い個人の輩出を目指し、敗者は容赦なく切り捨てる。——そんな殺伐とした現実の例えにも見えて、正直なところ「とにかく勝てばいいというのもちがうだろう」と微妙な気分にもなります。

それでも、主人公が集団本位の鎖から解き放たれて自分の内に秘めた野心に忠実になっていく姿はやはり魅力的で、このまんがのヒットぶりからも、周囲への協調を求められて個性を発揮できない現状を不自由に感じている人の多さを感じます。

「日本に5年以上住んでいるけどまだわからない言葉があります。『普通』って何ですか?」

ある留学生がいいました。

「外国人だからヘン、といわれないようにたくさん勉強したのに、やっぱりわたしは『普通』じゃないみたい。『普通』になるにはどうすればいいんですか」

わたしはのどまで出かかった言葉を飲みこみました。

「どうすれば『普通』になれるのか」という質問は、「普通」というものが何か確たる内容を持っていて、それを身につければなれる、と想定しています。でも実際には「普通」は、その言葉を使う人たちが「ありふれている」と直感的に感じている状態であって、具体的な内容を示しているわけではありません。

考えてみると、わたしたちはこの言葉をさまざまな場面で多用します。「彼氏どんな人?」「普通のサラリーマンだよ」とか。「今日学校どうだった?」「別に、普通」とか。「普通が一番」「普通そうでしょ」「普通すぎておもしろみがない」「普通にいい感じ」などなど。

「留学生に通じない」という話をしましたが、もちろん「普通」に相当する言葉は他の言語にもあります。たとえば英語なら normal, general, ordinary, plain, common, usual……と中学校で習うさまざまな単語が思いつきます。でも、「彼氏どんな人?」と聞かれて「plain」と答えたら「なんでそんなつまらない人と付き合ってるの?」ということになるし、「普通が一番」といういい方はもう少し説明しないと通じず、「メーテルリンクの『青い鳥』のように幸福は日常=家のなかにある、という意味だ」くらい限定しなければ英訳できないでしょう。

「規範に沿った」も「一般的な」も「ありふれた」も「共通した」も、わたしたちは全部「普通」という言葉で表し、しかもこれを肯定、否定、謙遜、あいさつ、さまざまな意図で用いています。

そこで生じているのは、「普通」といえば通じ合える者同士が仲間であり、仲間の感覚こそが「普通」、つまり正解であり真である、という「われわれ意識」の強化です。留学生がそこに加わるのは、並大抵のことではないでしょう。冒頭の相談を受けてわたしが飲みこんだ言葉は、「留学生である時点で、『普通』ではないことになるんだよ」というものでした。

でも、最終的にわたしはこういいたい、と思い直しました。

「それ、あなたに『自分は普通じゃない』って思わせた周りの人に、聞いてみるといいよ」。

「普通」とは何か。「普通」を想定することで、わたしたちは何をしようとしているのか。これらの問いは、本当はこの留学生のように「普通ではない」とされた人ではなく、マジョリティの側が、考え続けていかなくてはならないことだと思います。

第7章

排除の恐怖をにおわせる言葉

7

「同じようにできないなら必要ない」

▶ 脅迫を帯びた同調圧力

「同じようにできないなら必要ない」という言葉は、同調圧力に加えて、「できない（と見なされた）人は価値が低い」という序列付けや、「できないなら去れ」という排除などの意味合いを複合的に帯びています。この言葉は、**同調を要求される内容が「おかしい」「イヤだ」と感じられるほど、また「じゃあ辞めます」とはなかなかいえない逃げ場のない状況であるほど、脅迫的に響きます。**

　シーン⑲のような新人社員研修は、そうした状況の格好の例です。日本の企業では、このあいだまで学生だった新卒者をまとめて採用し、「我が社の社員」として育てる慣行があるので、独自の社内研修が広く行われています。名刺の出し方やおじぎなどのビジネスマナー、企業理念の説明といった必要性を納得しやすいものもあれば、シーン⑲のような「大声で社則を暗唱する」をはじめ、全員で体操をしたり、グループでウォークラリーの競争をしたりという「それと業務に何の関係が？」と思えるものもよくあります。

　多くの場合、新入社員が研修で求められるのは「いわれたようにやること」です。「ヘンだなぁ」と思ったとしても飲みこんで、「これが社会人になるということなのだ」と自分を納得させ、同調することが期待されるのです。仕事という生活がかかってくる場面のスタート地点ですから、なかなか抗えるものではありません。

　わたしは大学院に入る前に、新卒で就職していたことがあり

ます。そこでの新人研修は、エクセル講習あり、ラジオ体操あり、グループでの寸劇ありと目まぐるしく、合間にくり返し創業者の精神を説かれました。個人的にラジオ体操はどうしてそんなことをさせられるのか意味がわからずたいへんイヤで、神格化された創業者の物語も「人間、そんな偉大（いだい）な面ばかりじゃないでしょ」と思ってしまって素直に受け取れませんでした。わたしの場合は、同調を求められる内容は特に不当とまではいえず、同調しなくても罵倒（ばとう）されたり排除されるようなことはありませんでしたが、それでも「働くからには自分を押しころして組織に従わなければならないのだ」と、やんわりとした絶望を感じたことを覚えています。多くの人は「イヤだな」と思ったとしても折り合いをつけて何とかやっていくのでしょうが、わたしは「どうしても無理」と思ってしまって、結局その仕事には身を入れることができず、1年で辞めてしまいました。

▶ 過酷（かこく）な新人研修がつくる「都合のよい労働力」

　シーン⑲について考えてみましょう。スマホを手放し、情報収集や連絡が簡単にできない状態にされて、立ちっぱなしという身体に負担をかける「シゴキ」みたいな状況で、社則を大声で暗唱させるというのは、一般的な新人研修の域を超えています。一般的な研修は、まっさらな新入社員に「我が社の理念」を教え、同期の仲間意識を高め、スムーズに組織の一員になってもらうことが目的でしょう。けれどもこの研修では、**過酷な労働環境にもいっさい文句をいわない「都合のよい労働力」へと、**

人格ごとつくりかえることが目指されてしまっています。 そういう刷りこみがなされれば、職場で不当な目に遭っても、「これはおかしい」と人に相談したり「サービス残業はやめよう」と職場の改善に向かったりするのではなく、「このくらいの困難は乗り越えなければダメだ、あの研修で全力でがんばることを学んだはずじゃないか」などと考える、企業の価値に忠実な労働者になっていきます。

　先輩社員たちは、まさにそういう労働者だと考えられます。こういう研修に耐え抜く社員たちの背後には、**「同じようにできないなら必要ない」という、同調圧力と序列化と排除のメッセージが突き付けられています。** そういう意味で、先輩社員たちはかつて自分たちがいわれた言葉を、今度は後輩に伝えているのかもしれません。「この職場を失ったら生活できない」と思っていれば、このメッセージに抵抗することはきわめて困難でしょう。働いた経験が少なく、「わたしはこんなふうに御社に貢献できます」と必死にアピールして就職活動を突破してきた学生であれば、なおさらです。

抜け出すための考え方

　シーン⑲の企業にとって本当に必要なのは、「同じようにやる人」ではなくて、「それはおかしいから見直したほうがいい」と、組織の常識を打ち破る意見を主張できる存在ではないでしょうか。社会は変化しています。上司が部下に罵声を浴びせること

や、女性社員に性的なまなざしを向けることは、30〜40年前にはあたりまえでしたが、今では「パワハラ」「セクハラ」として非難され、安全な労働環境を保障できていない企業の責任が問われるようになりました。同様に、スマホを預けさせる、長期間ひとつの場所にこもらせる、立ちっぱなしで声を上げさせるというふるまいは、従業員の人権や適切な労働環境という観点から、現代では大いに疑問符がつくでしょう。このような研修に疑問を抱かず、ただだまって従う人間だけが残っていては、会社にとってリスクだといえます。

　個人の次元で考えても、これまで「仕方がない」と受け入れてきたことを「イヤなことは拒否してよい」と思えるようになるとしたら、それはよいことではないでしょうか。

　シーン⑲の先輩社員たちは、「やりたくないです」と率直な感想をもらす後輩に、「どうしてそう思うの？」と意見を聞いてみればいいのです。「そんな洗脳のような研修は人権侵害なのでは」とか「合理性がありません」などといわれたら、その可能性を自分でも考えてみればいいと思います。あの研修を受けたとき、自分は本当はどう感じたのだったかな？　イヤだ、不当だ、というあのときの思いを否定する必要はなかったんじゃないかな、と。

　頭ごなしに否定せず対話することで、新しい時代の価値に触れ、自分自身をアップデートする機会になるかもしれません。

[ブラック企業・ブラック研修]

　正社員として雇った若者に過重労働や違法労働を強いて使いつぶす企業のことを、「ブラック企業」と呼びます（『ブラック企業』今野晴貴、2012、文春新書）。日本の正社員は雇用契約の際に「ここまでが自分の仕事」という職務が限定されておらず、「社員になったら会社がやれということは何でもやるのが当然」と見なされがちです。ブラック企業はそれを利用して、若い正社員を極端なかたちで無制限に働かせます。結果的に多くの人がうつ病になって辞めたりハラスメントで自主退職したりするので、常に大量の正社員を採用し、過酷な労働に耐えられる人だけを「ふるいにかけて残す」かたちになります。「ブラック企業」はそのように、不当に若者に負荷をかけることで労務管理を行う方法でもあるのです。

　さらに、問題の多い新人研修が「ブラック研修」と呼ばれることがあります。若者の労働相談を受け付けるNPO法人POSSEは、「ブラック研修」の特徴として以下の4点を指摘しています。

　第1は「眠らせない」。長文の社訓などを暗記させ「合格するまで終わらせない」などとして睡眠時間を奪います。

　第2は「外部との連絡を遮断する」。電話の使用制限などで「それ、おかしくない？」という外部の声が届かないようにします。

　第3は「競争・序列化」。グループ間で競争させ、足を引っ張る「できない」人ができるようになるまで全員で協力させるなどします。

　第4が「アイデンティティの破壊」。人生の失敗にフォーカスして自己を否定させ、「乗り越えるにはこの会社でがんばるしかない」などと追いこむのです。

　ブラック研修の不当さは少しずつ知られるようになり、企業の法的責任も問われだしました。2018年には、「24キロを5時間で完歩する」という新入社員研修に参加し、足に障害を負った男性が補償を求めた裁判で、会社の責任を認める判決が出されています。

▶「使えない人」はおとしめられて当然？

　仕事で失敗することは、だれにでもあります。迷惑をかけた上司や顧客に怒られ、「あーあ、どうして自分はこんなにもダメなんだろう」と落ちこむこともあるでしょう。けれども、最初から仕事のできる人なんていませんし、取り返しのつかない失敗は、それほど多くはありません。ミスをしてしまったら謝って、周りの人にカバーしてもらい、何が原因かを考え、改善していけばOK。それが仕事というものです。

　でも、シーン⑳では、**「仕事のミス」という出来事が、「使えないやつ」という人格の問題に結びつけられています**。その結果、上司は部下の失敗を叱っているのではなく、部下の人格を攻撃することになっています。人格は「改善」できるものではありませんから、部下にしてみたらこれは存在を否定されたのも同然です。

「使えない」という言葉は、働く人にとってたいへん致命的です。仕事は働く人が日常の多くの時間を費やすものであり、生活のことを考えると簡単に辞められません。そのため、職場で低い評価を突きつけられる事態が続くと、世界のすべてから自分という人間に「価値がない」といわれたように感じられ、自尊心がむしばまれていくことがあります。

　仕事の世界は厳しい能力主義なのだから、仕事のできる人とできない人であつかいがちがうのは当然だ、できる人間になれるようだれしも努力すべきだ、と考える人もいるかもしれません。けれども、このような考え方が常に妥当とは限りません。な

ぜか？　理由を考えてみましょう。

▶「できる」のは「能力を発揮できる環境」があるから

　第一に、仕事における「能力」とはいったい何かという問題
があります。「仕事のできる人」とはどんな人でしょうか？　書
類やデータの作成が速くて正確な人？　コミュニケーション能
力が高くて人脈を広げられる人？　仕事の内容によってさまざ
まな「できる」の基準がありますし、それぞれの仕事に向いて
いる人と向いていない人がいるのは確かでしょう。でも、「明ら
かに突出した能力を持っている」という人は多くなく、全体と
してみれば人間はそれほど差がないのもまた現実です。
　すると、「あの人にお願いすれば大丈夫」と周囲に信頼される
のは、「とにかく職場にいて、仕事のことを最優先して取り組ん
でくれる人」ということになってきます。「納期に間に合わない
から至急これやっといて」といわれたら「ハイ！」と二つ返事
で引き受け、残業も休日出勤もいとわずやりとげる、というよ
うな人が「仕事のできる人」とされます。労働経済学者の熊沢
誠さんは、これを「生活態度としての能力」と呼びました。
　けれども、労働者ならだれでも「仕事が最優先」にできるわ
けではありません。もし、その人が育児や介護をしながら働い
ていたらどうでしょう。残業できないどころか、ケアしている
家族が病気になれば欠勤せざるをえません。個人としてどんな
に優れた能力を持っていても、仕事を後回しにせざるをえない
状況があれば、「仕事ができない人」と見なされることになり

ます。つまり、「能力は個人に宿るもの」という考え方は一面的であり、「だれがどんなときに『能力』を発揮できるのか」という個人の背後に広がる社会環境の問題を無視しているのです。

▶「できる人しか生き残れない」のしんどさ

　第二に、「仕事のできる人」しか生き残れないような職場が多くの人にとって本当に望ましいのか、という点があります。人間は多様ですから、個々の人に注目したときに「能力が高い」「低い」と感じられるようなでこぼこは存在します。「役に立つ人間であれ、そうでなければ去れ」ということになれば、ほんの少しの不器用さや心身の不調など何らかの「弱さ」を抱えるために一人前にやれない、という人は、その職場にいられなくなります。それでは生きづらくはないでしょうか。

　これは実は「弱さ」や「できなさ」を抱えた人だけの問題ではありません。どんなに「できる人」であっても、いつも効率的に動けるわけではないからです。自分が病気や障害を負ったり、育児や介護をしなければならなくなることはあるし、何より、人はだれもがいつか老いて仕事ができなくなります。「仕事の世界は厳しい」とよくいわれますが、人間の生き死にがかかるケアの世界はもっと厳しく、常に仕事より優先されます。

「役に立つ人間であれ、さもなければ去れ」というメッセージのずるさは、「できない」「使えない」とされた人を追い詰めるだけでなく、その刃先がブーメランのように、いった側にも返ってくるところにもあります。この価値観を内面化し、常に「役

に立つ人間」として働き続けてきた人は、自分や自分の大切な人が「役に立たない」と見なされるようになったとき、いったいどうするのでしょうか。

　仕事でミスをしてひどく怒られたときは、相手が「出来事について」叱っているのか、「人格について」攻撃しているのかを見きわめましょう。「会議室取れてなかったよ、これから気を付けて」は出来事の指摘ですが、「こんな失敗をするなんて使えないやつだ」は人格攻撃です。後者は不当なので、受け入れる必要はありません。

「ご迷惑をおかけしたのは申し訳なかったです。でも、『使えない』というのはいい過ぎではないでしょうか」と主張したり、直接いうのが難しければ上司に相談するなどして、**改善されなければ職場を変わることも考えたほうがよい**と思います。「ミスをしたのは自分だから」「逃げてはいけない」と耐えていると、自己否定感がふくらみ、びくびくした結果さらにミスが増えてしまったり、ひどい場合には病気になってしまう可能性もあります。

　逆に、仕事の相手が失敗した場合には、「出来事」の問題性を指摘しても、「人格」を攻撃してしまわないように気を付けましょう。ハラスメントになってしまいます。

[浦河べてるの家]

「仕事ができることはよい」「仕事は一生懸命がんばってやるべき」、というあたりまえの価値を問い直し、新しい職場のあり方を模索した取り組みに、「浦河べてるの家」の事業があります。「浦河べてるの家」は、北海道浦河町にある、統合失調症などを持つ人が地域のなかで仕事をしながら暮らす活動拠点で、1980年代から精神障害の当事者による日高昆布の産地直送事業を行っています。

そこで目指されたのは、「安心してサボれる会社づくり」でした。「浦河べてるの家」に集うのは、「3分しか集中できない」「お金の計算が苦手」などさまざまな弱さを抱えた人びとです。そういう人たちが「がんばってひとりでやろう」と抱えこむと、問題はたまっていつか一気に噴出し、仕事もできなくなってしまいます。逆に個々の困難を共有し、サボっても補い合えるつながりをつくることで、仕事は持続可能なものになります。職場とはこのようにもありうるのだと、目を開かされます。

[生活態度としての能力]

労働経済学者の熊沢誠さんは、日本的企業の正社員に求められるのは「生活態度としての能力」だといいました（『能力主義と企業社会』1997、岩波新書）。日本的企業では、職務内容や勤務地が事前にわからず、入社後に配属が決まったり、急に転勤になったりします。そこでは、会社の命令に従順、つまり残業も休日出勤も率先してやり、出向の辞令が出れば単身赴任もいとわず、仕事のために生活を犠牲にできる社員が「能力が高い」とされ、出世します。

これは、家の仕事をしない「男性」労働者を前提しています。こんな仕事の仕方が評価される限り、ケア責任を負う労働者や女性の「能力」が万全に発揮される職場の実現も難しくなります。

「できないなら 次はあなたの番だよ」

▶ 仲良しグループがいじめ加害者になるとき

　学校では4人で行動しているK・L・M・Nさん。登下校や休み時間、ランチタイムはいつも一緒で、周囲からは仲良しグループだと見られています。でもよく見てみると、そこには微妙な力関係があります。

　強い性格のKさんが集団の「ノリ」を方向づけ、同調するLさんがそれを増幅させているのです。Mさんはいわゆる「いじられキャラ」で、何かというと「ツッコまれ」「雑にあつかわれ」ていますが、あいまいに笑って流すことがよくあります。そのMさんのそばにいるのがNさん。Nさんはこれまで、場の空気を読み、Kさん・Lさんの「ノリ」が無害なものであれば一緒に楽しみつつ、「いじり」が始まるとさりげなく話題を変えたりMさんを引っ張ってトイレに行ったりと、矛先をそらしてきました。強い2人に表立って逆らわず、かつコミュニケーションが攻撃へとエスカレートするのを防いできたのです。

　ですが、この日のKさん・Lさんは「やりすぎ」でした。いやがるMさんの持ち物を勝手にさわり、壊してしまったのですから。Nさんは「やめなよ」と制止し、Mさんをかばいました。それに対するKさん・Lさんの反応は「ダル」「できないなら次はあなたの番だよ」というもので、「同調できないなら次のターゲットはおまえだ」というおどしのメッセージです。

　このメッセージが投げかけられるとき、緊張感をはらんだ友人同士のコミュニケーションはいじめへとスライドしています。Kさん・Lさんの態度の不当さをはっきりと指摘したNさんは、

そのことによって攻撃の矛先を向けられます。Nさんの前には、いじめの加害者になって今までのように一緒にいるか、さもなくば被害者になるかという究極の選択が提示されます。どちらを選んでもいじめに巻きこまれることになるわけですから、こんなに「ずるい」言葉はありません。

▶ 当事者は八方ふさがり

こういう選択肢を並べられたとき、望ましいのは、「そんなおどしには屈しない。同調もしないし被害にも甘んじない」と、選ぶこと自体を拒否することでしょう。でも、そんなふうに強くいられる人は現実には多くありません。また、そのようにふるまっても、問題が必ず解決するとは限らないのも、このような関係性のしんどいところです。

仮にNさんが、「あなたたちがやっていることはおかしい」と信念を曲げずに主張して、その場を去ったらどうでしょう。「悪かったよ、もうしないからNちゃん怒らないで」「Mちゃんも、ごめんね」と、Kさん・Lさんが急いで態度を改めることができれば、それが一番です。加害者は多くの場合、慎重に周囲の反応を見ながら「このぐらいなら大丈夫かな?　ではこのぐらいなら?」と少しずついじめをエスカレートさせていくものですから、「悪ノリ」が「いじめ」へと悪化しかける初期の段階で、周囲が「それはダメ」という適切な反応を返すことができれば、いじめの芽は摘まれます。

ただ、そのように解決しない場合も多いと考えられます。よ

り想定されやすいのは、N さんが去ったあと M さんもあとを追い、グループが「K さん・L さん」と「M さん・N さん」に分裂する、という展開でしょう。さらに悪い想像をすれば、M さんが「わたしはぜんぜん平気だよー。N ちゃん何怒ってるんだろうね？」などと K さん・L さんに同調して、N さんの排除に加担することでグループ内での地位を上げようとする、そんな可能性もあります。被害者が「つらさを知っているから決して加害はしない」と信じるのは美談ですが、現実には「つらさを知っているからこそ、どんな手段を使っても被害から脱出したい」と考えることも少なくありません。

　そう考えれば、本人にとって「同調もしないし被害にも甘んじない」という態度は、ときに自分がいじめの被害者になってしまうかもしれないリスクです。

　統計では、小学校以降でいじめの認知件数がもっとも多いのは中学 1 年生です。この年ごろでは、学校の友達は日常を構成する世界のすべてとなりがちです。友達が受け入れてくれれば「自分は世界に存在してよい価値ある人間だ」と思えますが、友人関係で仲間外れにされるとそうした前提が揺らいでしまうこともあります。そうした状況を生きている人にとって、**「同調できないなら次のターゲットはおまえだ」というメッセージは、この上なく残酷であり、投げかけられた時点で八方ふさがり**といえます。

　そのように本人はどうしようもない立場に置かれているので、**解決の鍵は、クラスメイト、親、教師など周囲の人がにぎっています。**

　「そんなことをいってくる人間関係はおかしい。魅力的な友達関係はほかにもあるから無理をしてしがみつく必要はない」。周囲はそんなふうに伝え、具体的な方法を提示してほしいと思います。いじめから守ることもそうですが、学校以外の趣味の関係を広げるとか、楽しく遊ぶ充実した時間を持つなども有効でしょう。

　先ほど書いたように、「できないなら次はあなたの番だよ」という言葉を投げかけられた段階で、すでにいわれた人は追い詰められています。この言葉は、学校のクラスや部活という逃げ場のない日常生活の場で出てくることが多く、逃げ場がないことでいわれた人は周りが見えなくなり、本当に「いじめに加担するか、さもなければ被害者になるか」しか道がないような気持ちになってしまいます。

　だから**重要なのは、このメッセージが日常のすべてを覆ってしまうことがないように、学校の友人関係を相対化するつながりを持つことです。**本人が新しい関係性に向けて踏み出すことを、周囲は応援したいものです。「世界は広い。関係はここだけじゃない。どこかにもっと心地よい友達関係があるよ」と、すとんと腑に落ちるかたちで思わせてくれるような周囲の働きかけが、抜け出すための鍵になります。

[いじめの四層構造論]

　いじめにおける「周囲」の存在の重要性を指摘した「いじめの四層構造論」という理論があります。提唱者である社会学者の森田洋司さんは、1980年代以降に教育問題化した現代的ないじめは、加害者と被害者の二者関係だけではとらえきれない、といいます。

　それまでの子ども集団における暴力では、『ドラえもん』のジャイアンとのび太のように、明らかな「いじめっ子」が「いじめられっ子」を攻撃するのが典型で、加害者と被害者の関係を見れば理解できました。ところが現代的ないじめでは、「普通の子」が関与し、しかもターゲットが次々に変化していくことがあるので、加害者と被害者の関係は固定化されません。

　そこで森田さんは、いじめは教室全体に広がる構造の問題だと考えました。いじめがある教室には、「被害者」を攻撃する「加害者」がいて、その外側にはやし立てる「観衆」がおり、さらに外側にぶ厚い「傍観者」の層がいる四層構造になっています。加害者がいじめを継続できるのは、「加害者」個人に力があるからというよりも、「観衆」がはやし立てることでいじめを積極的に認め、「傍観者」が見過ごすことで消極的に認めるから。そうした意味で、いじめは「個人の病」ではなく「教室（＝集団）の病」だとしたのです。

　そこでは、「加害者はなぜいじめるのか」ではなく、「いじめが起こったときに、なぜ周囲は止めないのか」という問いが立ち上がります。暴力はどこでも発生するけれども、周囲が適切に介入すれば止まります。逆にいうと、暴力が発生しても恐々として見て見ぬふりをする人が多い集団では、いじめは深刻化・継続化します。「やめなよ」とまでいえなかったとしても、被害者にとって逃げ場になる関係性を提供したり、いじめが始まりそうな空気を察知して別の方向に話題を持っていったりと、周囲にできることはあります。いじめ解体の鍵は、周囲がにぎっているのです。

そんなあまいことで
社会人が務まるか
みんなと同じように
できないなら
必要ない！

第 8 章

「勝ち残ること」
を
強要する
言葉

8

「もっとポジティブ じゃないと」

▶ ポジティブなら問題が解決する？

「いつも笑顔で機嫌よくしていよう」「へこんでも引きずらず、前向きな気持ちでがんばろう」。わたしたちの暮らす社会には、そんなメッセージが溢れています。「前向き」な生き方を指南する自己啓発の本やサービスが売られ、SNSでは絶えずキラキラした写真や言葉が流れてくる日常のなかで、人びとは「もっとポジティブじゃないと」という要請にさらされています。ポジティブな人は魅力的で人に好かれやすく、挫折を乗り越えて成功をつかむ能力があり、仕事でもプライベートでもうまくいきやすい。そういうふうに考えられています。

　もちろん、不幸であるより幸せなほうがいいし、人の悪口や愚痴ばかりいっている人よりも、ニコニコと肯定的な話をする人のほうが、一緒にいて気持ちがいいのは確かです。ただ、**本来幸せは、ポジティブな気持ちになれるような出来事や状態がまずあって、それに対して「ああ幸せだなぁ」という思いを抱くのであって、しんどい状況があるのに無理やり「わたしは幸せだ」ととらえるのは、何かちがうのではないでしょうか。**

　シーン㉒に引き付けて考えてみましょう。「上司が自分にばかり雑用をいいつける」という現状に、疑問を抱いている女性がいます。その仕事が彼女の業務に含まれていなかったり、他の人は頼まれないのに彼女だけが押し付けられたりしているなら、明らかに問題でしょう。それを解決するためには、上司に業務内容を確認してもらうとか、職場の人と分担して作業できるようにするなど、具体的に仕事の配分を変える必要があります。

ところが、相手の女性はそういう方向性を想定せず「期待されているのだ」「雑用からでも学べる」と現状を肯定的にとらえようとします。彼女は現状に対する不満を口にしているのに、それがそのまま受け止められないのは、相手の女性が「常にポジティブであるべき」という社会の要請に忠実だからです。

▶「ポジティブじゃないと」のわな

　確かに、人間は暗示にかかる生き物ですから、小さなことで「わたしは幸せだ」と考えるくせをつけていけば、いつのまにか幸せのオーラがにじみ出て、よい出会いや仕事がまいこんできて、本当に幸せになれる、という好循環もあるのかもしれません。でも、何でもポジティブにとらえようとする態度には問題もあります。

　第一に、現状を肯定的にとらえようとすることで、現実に存在するネガティブな感情を否定してしまうことです。実際はつらい、苦しい、何かおかしい、と感じているのに、「いや、でもこれも考えようによっては幸せなのだ」と無理やり自分にいい聞かせていると、本当の気持ちは言葉にならずに抑圧されてしまいます。**ネガティブな感情は大切です。これを認め、立ち止まって考えることで、自分を苦しくさせている出来事について理解したり、同じ状況にある他の人の苦しみを想像したりできるからです。**

　第二に、問題があると「ポジティブになる＝自分を変える」ことで対応するので、「社会を変える」という発想がなくなって

しまうことがあります。シーン㉒のように、問題は上司の態度や多すぎる業務量など職場にあるかもしれないのに、**「ポジティブになれない個人の問題」とされ、自己責任として抱えこまされてしまう**のです。

　成功した起業家などが好む「他人と過去は変えられない。変えられるのは自分と未来」という言葉があります。自分のちからで動かせるものに注目していくのは、前向きで効率的なひとつの生き方だとは思います。でも、その背後には、「他人に期待しても無駄、社会は変わらない」というあきらめがあることに、注意が必要です。

　ポジティブに生きようとする個々のあり方を否定したいのではありません。「ポジティブじゃないと」という要請にひとりひとりが応えていくことで、結果的に社会構造を不可視化し、個人の責任にしてしまうという効果を問題にしているのです。

　自己啓発のセミナーや本では、「笑顔を絶やさず」「感謝を忘れず」など心がけを変えれば状況は好転する、と主張するものもありますが、そのように**個人に視線を向けることで、本当の問題が見えなくなることもある**と知っておきましょう。

抜け出すための考え方

　特定の組織や集団が持つ同調圧力であれば、その場から脱出することができます。でも「ポジティブじゃないと」という圧力は、特定の組織を超えていたるところに広がっており、就職

活動で、仕事で、支援を受ける場面で、友達や恋人との関係において さえ、存在しています。それは外側から強制されるだけでなく、自己の内側から「そうしなければ」と思わされる点で外部がなく、逃れることができません。では、どうすればいいのでしょうか。

「逃れられないけれども仕組みを知っておき、何が起こっているのか言葉で理解できるようにしておく」というのがひとつの対応になりうるとわたしは思います。就職試験や顧客と会うときなど、「ポジティブな人」が求められる社会的場面では戦略的にそれを装うけれども、「ポジティブでなければ価値がない」と素で信じるのではなく、特に必要がないときには、そうした態度からあえて距離を置くのです。そうすることで、**仮面をかぶってこの社会をしたたかに生き抜きながら、自己の内面の自由まではゆずりわたさずに済ませることができます。そして、ここぞというときには、他者や社会に働きかけて既存のあり方を変えていけるよう、ちからを蓄えておくのです。**

「わたしの態度がポジティブになっても、この問題は解決しないんだよ」

　シーン㉒であればそういって、問題の所在を個人から職場へ、ひいては社会へと向け変えていくことを目指してもいいかもしれません。

もっと知りたい関連用語 🖉

〔書籍『ハッピークラシー「幸せ」願望に支配される日常』〕

　ハッピークラシーとは「幸せによる支配」を意味する造語です。心理学者のE.カバナスと社会学者のE.イルーズは、この語をタイトルに冠した本のなかで、現代社会では幸せが「状態」から「人」になった、と主張しました（高里ひろ訳、2022、みすず書房）。どういうことかというと、かつては条件のよい仕事に就いているとか健康であるといった「状態」が人を幸福にすると考えられていたのが、現代社会では、自己肯定感が強かったり、落ちこんでもすぐに立ち直ることのできるハッピーでポジティブな「人」こそが、よい仕事に就いたり健康になったりする、というように、矢印が逆向きになったというのです。つまり、「成功した人が幸福になる」のではなく、「幸福な人が成功する」というわけです。

　そういう社会では、ポジティブであることは無条件によいものとされ、ネガティブな感情は役に立たないと見なされます。人びとは「幸せな自分」になるために「ポジティブな言動を習慣にする」ことを求められ、自己啓発やセラピーや癒しグッズなどの商品を買って、感情をコントロールすることを期待されます。幸せは個人の問題であり、幸せでないことは自己責任だとされます。

　すると、「社会を変えることで問題を解決する」という視点が失われていきます。貧困や失業なども、制度的に対処するのではなく、「貧しくても成功した人の人生を参考にして夢を持とう」とか、「職を失ったことも転職のチャンスだとポジティブにとらえよう」という具合に、個人の心の持ちようで解決する態度が推奨されるのです。著者たちはこうした状況に警鐘を鳴らし、「批判的な分析や社会正義、そして共同行動」が必要だ、と指摘します。

　「ハッピーな自分になる！」というキラキラしたメッセージは、現代社会のいたるところに散りばめられていますが、それがもたらす「副作用」にも、目を向ける必要があります。

161

「今どきは このくらいできなきゃ」

▶ 競争に引きこむ言葉

　塾や習い事をめぐる「ママ」同士の会話は、緊張感に満ちています。だれしも興味のある話題でありながら、家庭の教育方針や経済事情、子どものパフォーマンスの優劣などが関わってくるため、的確に情報交換しつつ踏みこみすぎないように、気を使わなければならないからです。現代の日本社会では、多くの母親が仕事を持っているとはいえ、性別役割分業は根強く残っており、現実にはまだ子どもの習い事は「ママ」の領分です。地域の教室の評判について情報収集し、我が子の気持ちや適性を見定め、送り迎えのスケジュールを調整するために、多くの母親が奮闘しています。

　そうしたなかで「今どきは○○くらいできなきゃ」といわれたら、「出遅れたかな。うちの子にもやらせたほうがいいのかな」と焦りや不安を感じてしまうかもしれません。でも、少し立ち止まって考えてみましょう。

　一見するとこの言葉は、「みんなやっているのだからあなたもやらなければ」という同調圧力に見えます。ですが、ここでいう「みんな」は、たとえばシーン⑤の「みんなが迷惑してるよ」というときのような、個人を飲みこむのっぺりしたひとかたまりの集団を差しているわけではありません。シーン㉓の小学校も、「子どもたち全員が英検5級を受ける」とか「保護者全員が子どもにプログラミングを習わせている」というわけではないでしょう。実際にはそんな親子は少数派のはずです。では「みんなやっている」とはどういうことかといえば、それは、

競争社会を勝ち抜く子どもを育てようと決めた「意識の高い人たち」はやっている、という意味にほかなりません。そういう一部の人たちをあえて「みんな」と呼ぶことで、「意識の低い普通の人たちとはちがう」と自分を特別な存在に見せているといえます。

　つまり、「今どきは○○くらいできなきゃ」という言葉は、集団への同調ではなく、むしろ集団を抜け出して個人として勝ち上がっていくことを是とするような市場的価値への同調を迫っているのです。小学校で英語が必修化されたのだから、家庭でも早期の英語教育が大事。2025 年から共通テストに「情報」科目が加わるから、プログラミング的思考を育てておくことが重要。こういう発想から出てくる「今どきは○○くらいできなきゃ」という言葉のあとに続くのは、「そうでなければ競争に負けてしまう」でしょう。そこでは、子どもたちが生きる未来は競争社会に特化してイメージされており、我が子の勝ち残りのために親が知力と財力を使うことが当然のこととされています。そう考えればこれは、親ぐるみの学歴取得競争に他者を引っ張りこんでいく言葉でもあるといえます。

▶ 不安をあおって教育商品を売りこむ面も

　一般的には子どもの幸せは親の願いであり、「子のために親ができるだけのことをする」という発想はわたしたちの素朴な感性に受け入れやすいものです。でも、それが「子どもが競争社会で有利になるよう親が習い事に投資する」となったらどうで

しょうか。そこでは**他者は、協働したり連帯したりする対象ではなく、どちらがより「上」に行けるかを競う相手になります。この言葉がずるい、というよりトリッキーなのは、親たちに一生懸命な子育てをうながすことで、いつのまにか教育における格差をはっきりさせ、分断に加担させていくところです。**

　さらにいえば「今どきは○○くらいできなきゃ」は、親の不安をあおることで、経済的に苦しくなっても教育費は削らない傾向のある日本の家庭に、さまざまな教育商品を売る呪（のろ）いの言葉になっていることも見逃せません。「英語やプログラミングを学べばあなたの子どもは競争に勝ちやすくなりますよ」と教育産業はささやきますが、未来は不透明で「将来必要になる力」を見通すのは困難です。**「これをやっておけば安心」というものはないと知っておくことも大事**だと思います。

抜け出すための考え方

「今どきは○○くらいできなきゃ」といわれて焦りや不安を覚える自分を、引いた視点から眺（なが）める「もうひとりの自分」を想定してみましょう。

　子どもにはどんな未来を生きてほしいのだろう？　いい学校を出ていい会社に入る安定した人生？　競争社会で抜きん出て経済的に豊かになる成功者の人生？　けれども現在の想像力で描くそんなモデルは、子どもたちが大人になるころにはすっかり古びているかもしれません。では大切なことは何か。答えは

ありません。

　OECD（経済協力開発機構）の「Education 2030」は、2018
年に義務教育に上がった子どもが18歳を迎える2030年に向
けて必要なコンピテンシー（能力）として、「新たな価値を創
造する力」「対立やジレンマを克服する力」「責任ある行動をと
る力」を挙げました。社会の変化は激しく、未来は不確実です。
新しい時代にふさわしい価値を生み出すことや、異なる価値を
持つ相手と対話できること、貧困や天然資源の枯渇といった地
球規模の問題に対して関心を持ち行動することなどが、これか
らの子どもたちには求められるとされているのです。

　そう考えると、「今どき英語くらい、プログラミングくらいで
きなきゃ大学受験で戦えない」という発想自体が、古い価値観
に立った、分断を促進させる発想だということが見えてきます。
わたしたちは、何のために学ぶのでしょう。貧しさや抑圧のあ
る社会を「仕方がない」と受け入れ、「自分は有利な人生を送り
たい」から学ぶのか。それとも、自己や他者の抱える課題を見
すえ、貧しさや抑圧を減らすために何ができるかと考えるため
に、学ぶのか。

　「子どもの未来」を見すえた関わりは、「わたしたちの現在」を
問い直すことから始まります。子育てや教育のなかで大人の側
こそが、新しい価値を生み出せるか、他者と協働できるか、未
来への責任を自覚できるかを、真剣に考えていかねばならない
でしょう。

[教育格差]

　教育格差はさまざまなかたちで存在しています。教育社会学者の松岡亮二さんは、現代日本社会を「生まれ育った家庭と地域によって何者にでもなれる可能性が制限されている『緩(ゆる)やかな身分社会』」だといいます（『教育格差』2019、ちくま新書）。同書によれば、2015年に20代の男性では、父親が大卒であれば本人も80%が大卒になった一方で、父親が非大卒の場合は本人の大卒の割合は35%でした。また、三大都市出身者であれば58%が大卒になりましたが、非三大都市出身者では45%でした。このように、親の学歴や出身地域という本人の努力や選択とは関係ない事がらが、本人の教育達成をある程度決めている現実があります。

　問われているのは、この現実をわたしたちがどのように認識し、何を問題ととらえるか、ということではないでしょうか。生まれや育ちによって教育機会が不平等である現状を「そんなのあたりまえ」と受け入れたうえで「いかに自分や自分の子どもが有利に生きられるか」と目先の生存戦略に焦点を合わせるのか。それとも、少しでも不平等が少ない開かれた社会を目指すのか。

　後者を望みたいですが、現実はそうなっていません。2018年の朝日新聞社とベネッセ教育総合研究所の共同調査では、子どもが公立小中学校に通う保護者のうち、教育における経済格差を容認している人（経済的ゆとりがある家庭の子ほど、よりよい教育を受けられるのは「当然」「やむをえない」と答えた人）は6割以上にのぼります。この割合は増加傾向で、しかもゆとりがないよりある親で「容認」派が多いのです。つまり、経済的に豊かな人びとのほうが、教育格差を「当然」「やむをえない」と見なしています。

　不平等を前提として受け入れる人が多ければ、それを是正(ぜせい)するための社会政策は合意を得られにくくなります。くり返しますが、問われているのは大人の社会のあり方なのです。

「個性として活かすべき」

▶「個性」の落とし穴

「個性の尊重」「個性を伸ばす」といわれるように、現代社会では「個性的であること」はよいこととされています。個性とは、辞書的には「他の人とはちがう、その人に備わった固有の性質」を意味します。

けれどもこの言葉が使われるときには、たとえば「悲観的になりやすい」とか「動作が遅い」といったネガティブな性質ではなく、「運動神経がいい」「優しくて思いやりがある」などポジティブな性質に焦点が当たります。一般的には「短所」とされがちな特質を「個性だ」と主張することもありますが、「悲観的になりやすい」なら「物事を多面的に考える」、「動作が遅い」なら「慎重に行動する」というふうに、「ネガティブに見える性質でもとらえ方次第ではポジティブになる」という発想の転換が重視されていることがほとんどです。

シーン㉔も、そうした例のひとつです。これは「目がぱっちり大きく見える二重まぶたこそが美しい」という画一的な美の基準を問い直し、多様な特性のありのままを尊重する態度といえます。「やせている＝美しい」という基準をひっくり返すプラスサイズモデルや、「若さ＝黒髪＝美」を問い直すおしゃれなグレーヘアの登場なども同じでしょう。全体的に見ても現代のファッション誌には、社会が求める外見に自分を当てはめようとするのではなく、ありのままの自分を活かした無理のない表現への賛美が並びます。

美に多様な基準を持ちこみ、自然体であることを肯定するこ

うした流れには、もちろんよい面もあります。一重で切れ長で厚みのあるまぶたを肯定し、「自分らしさを活かして美しくなる」可能性が開かれるのですから、「二重でなければかわいくない。一重まぶたのわたしは整形しないと絶対にかわいくなれない」と決めつけてしまうより、ずっと望ましいのは確かです。

でも、その先を考えたとき、落とし穴はないでしょうか？

▶ 容姿が自己責任化する社会

ひとつの問題は、美しさの基準が多様化したといっても、「ぱっちりした目」や「スレンダーな体系」は依然として一段高い価値を維持しているということです。そのうえで、一重まぶたやふっくらした体型でも、本人が自分を理解し、センスを磨いて努力すれば美しくなれる、とされるのです。

シーン㉔の言葉のずるさは、**「基準から外れていても、努力によって克服できる」**とされるために、**かえって競争から降りられなくなる**点にあります。あなたが美しくないのは「一重だから」「太っているから」ではない。自分の顔や体型を理解し、強みを活かして弱みを隠す服やメイク、髪型をきちんと研究していないからだ。──そんなメッセージにさらされたら、「美しくないこと」は生まれつきの「不運」ではなく、努力しない「怠惰の証」になってしまうでしょう。これは**「容姿の自己責任化」**ともいうべき現象ではないでしょうか。

さらにいえば、「何が個性か」を決められるのは本人ではなく、あらゆる人を「人気が出るかどうか、売れるかどうか」ではか

る市場の価値です。そこでは、一重まぶたやふっくらした体型は多様な美のひとつでありえても、ニキビの多い荒れた肌や艶のないパサパサした髪の毛が美しいとされることはありません。それらは「個性」ではなく、丁寧なケアという名の努力によってどこまでも克服しなければならないものなのです。

　容姿だけではありません。一見マイナスだとされる経験、たとえば貧困家庭に生まれたとか、障害を持っているとか、不登校を経験したといったことでも、「個人の努力で困難を克服し、逆境をプラスに変えた」という「逆転人生」的なストーリーが好まれる場面があります。ここでは、格差・不平等や、健常者中心主義や、息苦しい教室といった社会の問題は見過ごされたまま、それを乗り越える個人のちからに焦点が当てられます。「個性として活かすべき」といういい方に救われ、生きやすくなるのなら、そのことを否定するつもりはありません。でも「何かモヤモヤする」と感じるなら、それはもしかしたら、**「個性として活かすべき」という言葉の背後に「自分の不遇を自己責任で役立つものにつくりかえよ」という市場のメッセージがあるからかもしれないのです。**

抜け出すための考え方

　市場への同調圧力に抗うことは、集団への同調圧力に抗うことよりもはるかに困難です。そこには外部がなく、「おまえはどれほどの価値のある存在か」という値踏みの視線は、逃げても

逃げても追いかけてくるからです。

　シーン㉔なら、「じゃあ一重メイクを研究しよう！」といっても、「一重のわりにはがんばっている（けどやっぱり二重のほうがきれい）」という価値観はついてくるし、「外見至上主義には惑わされない、努力もしないしこのままで生きる」と美をめぐる優劣を否定しようとしても、競争の土俵から降りられるわけではありません。では、どうするか。

　自分の内側からわく一貫性のない言葉や態度を、そのときどき、バラバラなままくり出し続ける、というのがひとつのあり方ではないかと思います。あるときは「自分なりの美しさを探そう」と一重メイクを試し、別のときは「やっぱり二重がいいな」とドラッグストアの二重のりコーナーで立ち止まり、「ミスコン反対！」と叫んだかと思えば、「外見だけでなく自己アピールで内面も見る新しいミスコンか。出てみようかな」と思う。

　そんなふうに態度を決めず、答えを出さず、揺らぎながら、「今自分は何を大事だと思っているのかな？」と振り返って考えることが重要だという気がします。「多様な美の基準、いいね！」と**ひとつの態度に決めてしまったとたん、それに当てはまらない微妙な現象や心の動きに目配りすることが難しくなり、世の中のとらえ方が単純になってしまう**からです。

　矛盾した態度のなかで揺れ続けることは、正しさが多様化した複雑な現実を生きることそのものです。「すっきりしない」あいまいさに身を置くことになりますが、そうすることで、「自己責任で自分を活用せよ」という市場の強迫から、逃げ切ることはできなくても、取りこまれないことはできるかもしれません。

[まんが『ブスなんて言わないで』]

　現代では、「美しさの基準が多様化している」とされる一方で、メディアでは相変わらず細身の身体や白い肌・大きな瞳の美形の顔が高く評価されるなど、矛盾した状況にあります。この矛盾にモヤモヤを感じる若い人に、『ブスなんて言わないで』（とあるアラ子、2022〜、講談社）というまんがをおすすめしたいと思います。

「ブス」といじめられた経験を持つ知子と、「美人」とされ美容研究家として成功した梨花。高校時代にクラスメイトだった2人は大人になって再会し、ひょんなことから知子は梨花のオフィスで働くことになります。梨花は「ブスはいない」と主張して「（男性に見られるためではない）自分のためのメイク」を打ち出すなど、美容の現場からルッキズム（外見至上主義）を問い直そうとします。ルッキズムとは「外見に基づく差別」のことで、本来、能力主義的に「できる・できない」で選別されるべき雇用や成績などにおいて、見た目によって評価が左右されることです。

　一方知子は、「自分を好きになる」という言葉に「心の奥がズシンと重くなるのはなんでだろう」と感じるなど、美容業界における「多様性」が、結局のところ「ブス」を排除する市場主義的なものであることを見抜いています。

　ときに激しく対立しながら友情を育んでいく2人の姿は、現代の女性が置かれた複雑な生きづらさを示しつつも、希望を感じさせます。低身長にコンプレックスを持つ「イケメン」や、「容姿いじり」で笑いを取っていた元お笑い芸人の女性など脇役たちも印象的で、現代のルッキズムの複雑さを考えるにはよい作品です。

　新型コロナウィルスの流行により、2020年3月から急にスタートしたいっせい休校期間のことです。わたしは10歳、8歳、10カ月の子どもを抱えて呆然としていました。小学校ないの？　子どもが毎日家でお昼食べるわけ？　4月からの保育園を心待ちにしていたのに休園？　仕事は普通にあるんですけど！

　振り返ると、我が家はまだ恵まれていました。コロナによって経済的にひっ迫したわけではなかったし、育児についても夫が遅めの育児休業を取り、同居のおばあちゃんの手も借りて、何とか乗り切ることができたからです。

　それでも大変だったのは事実です。子どもたちは、ずっと家にいるわけにいきません。近所の公園や裏山のハイキングにもあきてしまうと、車で遠出をして人気のない山や海を目指します。緊急事態宣言のもと、県外への移動は「自粛」するよう要請されていました。「県外ナンバーだから非難されたらどうしよう」とびくびくしながら車を走らせていたことを思い出します。

　当時、インターネットでは「自粛警察」という言葉が生まれ、休業に応じない店やマスクをしない人が攻撃されていました。テレビではパチンコ店の前に列をなす人や、スーパーに子どもを連れて「息抜き」に来る親が非難されていました。「医療ひっ迫」が強調され、「自粛要請」に従わない人は「エッセンシャルワーカーの仕事を増やして医療を崩壊させる人」

かのようにいわれていました。今から思えば、パチンコは無言で台と向き合うきわめて感染リスクの少ないものでしたし、「自粛」はあくまでも個人の意志によるもので法的拘束力はなかったのですが。

　医療人類学者の磯野真穂さんは、日本のコロナ対策を「和をもって極端となす」と形容します。「社会が未知の危険にさらされたとき、最悪の事例を恐れて極端な対策が社会全体でとられ、それがだらだら継続する」のがその意味だそうです。さらに、感染対策が政府による明示的な強制ではなく「自粛要請」として示された結果、個々の倫理観やマナーの問題とされ、人格攻撃に結びつきやすかった点は問題だったと指摘します。

　あのとき、県外に車を走らせながら「びくびく」していたわたしは、「自粛警察」的なまなざしを自分のなかに取りこんでいたのかもしれません。危機に直面したときこそ、一番大切なことは何かが問われます。感染を拡大させないよう、家にいることは必要かもしれない。でも、人とつながって生きること、自由にのびのび遊ぶことだって、決して「不要不急」などではない、切羽詰まったニーズです。そのはざまで、どうバランスを取り、日々の行動を決めていくのか。

　正解のないその問いを、「世間」や「空気」に丸投げしてしまうのではなく、自分で引き受け、考え続けることの重要だと、コロナが一定の収束をみた今だからこそ、再認識させられます。

　わたしは大学の教員をしながら、主に不登校やひきこもりという現象を通じて「個人が社会的存在となるとは何か」を考えてきました。関心の出発点には、小学校にほとんど行かず家で過ごしたというわたし自身の不登校経験があります。

　個々の不登校経験は多様であって、「不登校とはこういうものだ」とひと口にいうことはできません。でもわたしの場合、それは「普通の日常が足元から壊れる」ということでした。朝起きて、ご飯を食べて、学校に行って、帰ってきて、友達と遊んで、お風呂に入って、寝る。そういうあたりまえだと思っていたことが、あたりまえにはできなくなったのです。

　深夜までゲームをして（1980年代ですからカセットを差す「テレビゲーム」です）、昼過ぎに起きだして、親が仕事に出かけたあとのしんとした家で遅すぎる「朝ご飯」を食べていると、窓の向こうを、ランドセルを背負った小学生たちが、リコーダーを吹いたり給食セットをかちゃかちゃいわせたりしながら、にぎやかに通りすぎていくのでした。ぼさぼさ髪のパジャマ姿でコンビーフの缶詰などを食べているわたしは、はたから見たらずいぶんとなまけものの、ふてぶてしい子どもに見えたことでしょう。けれども本当のところは、何というか、エネルギーも切れて、息もたえだえの、切羽詰まった状態でした。「みんなと同じようにできないわたしはダメな人間なのだ」と、心の深いところで思っていました。

その一方で、不登校の経験は「もとよりみんなと同じではあれないのだから、わたしのままでいるしかない」というあきらめのような自由をくれました。何しろ「みんな」にとって「よい」とされる学校は、わたしにとっては、そこに行くと自分が自分でなくなるような場だったのです。わたしの人生において何が価値を持つかは、わたしが決めるしかない。小学校年齢のころの気づきは、その後のわたしの人生を深いところで規定したように思います。

　大人になってからは、がんばれば「みんなと同じように」ふるまうこともできるようになりました。でも、それは問題の解決ではなく、問題が見えなくなることでもありました。いちいち立ち止まるのは非効率だしめんどくさい、空気に流されていれば問題なくその場は収まる。そんなふうに思ってやり過ごしているうちに、いつのまにか、幼いころの自分があれほど存在をかけて守りたかった自由というものが、失われていく気持ちになることが増えました。

　本書はそんなわたしが、同調圧力に流されず、他者とつながりながら自由に生きるにはどうしたらいいかを、日常的な場面に根差して考えた本です。読者の皆さんに何らかのヒントを提供できるものになっていればうれしいです。

　自分の足元にあるしんどさにきちんと向き合うことは、ただ自分を生きやすくするだけでなく、似たしんどさを抱えた他の人たちとつながり、社会を変える一歩になると、わたしは信じています。

2023 年 6 月　貴戸理恵

貴戸理恵（きど・りえ）

1978年生まれ。関西学院大学教授。専門は社会学、不登校の〈その後〉研究。アデレード大学アジア研究学部博士課程修了（PhD）。著書に『「生きづらさ」を聴く 不登校・ひきこもりと当事者研究のエスノグラフィ』（日本評論社）、『「コミュ障」の社会学』（青土社）などがある。

10代から知っておきたい
あなたを丸めこむ「ずるい言葉」

2023年7月12日　第1版　第1刷発行
2024年3月19日　　　　　第2刷発行

著　者　　貴戸理恵
発行所　　WAVE出版
　　　　　〒102-0074 東京都千代田区九段南3-9-12
　　　　　TEL 03-3261-3713　FAX 03-3261-3823
　　　　　振替 00100-7-366376
　　　　　E-mail:info@wave-publishers.co.jp
　　　　　https://www.wave-publishers.co.jp
印刷・製本　中央精版印刷株式会社

NDC361　183p　19cm　ISBN978-4-86621-448-1

あなたが人にいわれて
気になった言葉を
残しておこう

その場ではいい返せなくて、あいまいに流してしまったけど、あとや何度も思い出してモヤモヤする、落ちこんだり、怒りを感じたり、悲しくなったりする、そんな言葉はありませんか？　そういう言葉を胸に抱えてしまったら、ぜひ次のページの空欄に書き出してみてください。そして、その言葉がどんなふうに「ずるさ」を隠しているのか、その言葉を投げかけられて自分がどう感じたか、どんなふうに対応すればよかったかを、考えてみてください。「書く」とは、対象化して外からながめられるようにすること。そうすることで、モヤモヤが薄くなり、自分の感情とも距離を取れることがあります。

どんな言葉？

_____

_____

_____

だれにいわれた？

_____

_____

_____

どんな場面で？

_____

_____

_____

気になった理由は？

_____

_____

_____

_____

どんな言葉？

だれにいわれた？

どんな場面で？

気になった理由は？

どんな言葉？

だれにいわれた？

どんな場面で？

気になった理由は？

どんな言葉？

だれにいわれた？

どんな場面で？

気になった理由は？

どんな言葉?

だれにいわれた?

どんな場面で?

気になった理由は?

10代から知っておきたい
あなたを閉じこめる
「ずるい言葉」

森山至貴　　定価（本体1,400円＋税）

大人より弱い立場にある子どもが「ずるい言葉」に言いくるめられないようにするためのヒントを、差別を考える社会学者が伝授。"カクレ悪意"や"カンチガイ善意"を見抜いて一生自分らしく生きていく強さを身につける。SNSで共感の声多数！

10代から知っておきたい
女性を閉じこめる
「ずるい言葉」

森山至貴　　定価（本体1,500円＋税）

まだまだ日本では「女性＝社会的弱者」。女性であることを理由に"こうあるべき"を押し付けられたり、言動を軽視されたりして傷ついてしまわないよう、これからを自由に生きるためのヒントを伝える1冊。言う側かもしれない人たちにも必読の書！